贵州民族大学出版基金资助

乡村振兴战略实施中民族地区人才融入机制与作用研究

◎ 孔 瑞／著

XIANGCUNZHENXING ZHANLUE SHISHI ZHONG MINZUDIQU
RENCAI RONGRU JIZHI YU ZUOYONG YANJIU

中央民族大学出版社
China Minzu University Press

图书在版编目（CIP）数据

乡村振兴战略实施中民族地区人才融入机制与作用研究／孔瑞著. 北京：中央民族大学出版社，2025.5. --ISBN 978-7-5660-2496-1

Ⅰ.C964.2

中国国家版本馆CIP数据核字第20258BS047号

乡村振兴战略实施中民族地区人才融入机制与作用研究

著　者	孔　瑞	
策划编辑	舒　松	
责任编辑	舒　松	
封面设计	布拉格	
出版发行	中央民族大学出版社	
	北京市海淀区中关村南大街27号　邮编：100081	
	电话：（010）68472815（发行部）	传真：（010）68932751（发行部）
	（010）68932218（总编室）	（010）68932447（办公室）
经销者	全国各地新华书店	
印刷厂	北京鑫宇图源印刷科技有限公司	
开　本	787×1092　1/16	印张：12.5
字　数	200千字	
版　次	2025年5月第1版	2025年5月第1次印刷
书　号	ISBN 978-7-5660-2496-1	
定　价	58.00元	

版权所有　翻印必究

摘 要

地方人才指代在基层生活实践中具有一定的专业知识或专门技能，掌握更多"资本"，能进行创造性劳动且可以一定程度上影响其他社区成员的人们。本书以民族地区的地方人才为研究对象，选取我国西部地区几个较为典型的民族村落作为田野点，通过长时间的参与观察、有针对性的调研，考察地方人才在乡村治理及乡村振兴战略实施过程中的角色扮演、融入机制以及所发挥的作用等问题，进而探讨并总结广大的乡村地区顺利实施乡村振兴战略的可能性路径与可行性方案。报告共分七章。第一章为绪论，在对选题依据、研究内容等做必要的交代后，着重介绍人才的概念、分类、存在状态、相互关系，并对民族地区的村庄进行分类、对民族地区的乡村振兴简要分析。第二章从历时性的角度考察地方人才的百年嬗变以及乡土社会治理变迁。第三、四、五、六章是本书的重点部分，第三、四、五、六章对应民族地区的四类村庄，先介绍案例点的乡村振兴现状，然后讨论乡村振兴的可能路径，探讨地方人才融入乡村振兴的特点及注意事项。第七章对地方人才融入乡村振兴战略的机制与作用进行了分析与总结。

本书认为，民族地区的乡村振兴基础薄弱、任务艰巨。它既要维护可持续型村庄的可持续性，要将一小部分非可持续型村庄转化为可持续型村庄，同时还要保证占绝大多数的无法转化的非可持续型村庄里的农民们的基本生产生活保障。民族地区乡村振兴战略实施的主体是广大的基层民众。没有基层民众的参与，民族地区的乡村不可能振兴。要民族地区群众参与，就要组织民族地区的群众。要组织群众，地方人才的角色便会凸显。至于群众组织的规模、组织的形式等，则需要依据不同地区的具体情况更进一步的探讨，但这些方式和"度"的把握同样离不开地方人才的角色扮演。乡村振兴战略实施过程中，"国家—地方人才—基层群众"的结构框架下，不同主体之间的关系更加复杂。人口外流是民族地区乡村的普遍现实，血缘、地缘、拟血缘关系交织成的传统社会关联还在不同程度地存续，也是民族地区乡村的普遍现实。两个普遍现实，一个是外源性的，一个是内源性的。根据村庄人口外流程度和村庄内部机械结合强度的不同也就是这两个普遍现实的不同可将民族地区村庄分为四种类型。类型不同，村庄内部地方人才的存在状态及相互关系也不尽相同。民族地区的乡村振兴并不是所有基层民众都参与其中的乡村振兴。乡村振兴战略必须与移民搬迁、城乡融合等举措配套实施，且要注意人的参与和规则的供给。地方人才的融入可围绕"走""回""进""出"四个字开展。具体操作层面，要加强内培人才队伍建设。健全外出人才回流制度，着重吸引能干事的人、有钱人、年轻人回到自己的家乡建功立业。建立外来人才服务制度。做好舆论宣传，争取外在人才关注乡村振兴。建立人才管理、使用、流动、激励、监督长效机制。讨论制定不同类型、不同服务期、不同服务方式的人才在民族地区乡村振兴推进的不同阶段的管理办法、使用办法、流动办法、激励办法、监督办法。探索人才互嵌工作模式，铸牢中华民族共同体意识。

目 录

第一章　绪论 …………………………………………………… 1
　　一、选题依据与研究内容 ………………………………… 1
　　二、思路方法与创新之处 ………………………………… 7
　　三、概念界定及人才分类 ………………………………… 9
　　四、人才存在状态、相互关系与村庄分类 …………… 12
　　五、民族地区乡村振兴 ………………………………… 15

第二章　地方人才的历史嬗变与村庄治理变迁 ………… 30
　　一、传统乡土社会人才的权威来源 …………………… 32
　　二、改革初期过渡中的村庄人才实践 ………………… 37
　　三、20世纪90年代中期以来村庄的治理实态 ……… 41
　　四、总结与分析：人才嬗变与治理效度评估 ………… 47

第三章　人才与 V1 类村庄 ………………………………… 55
　　一、引言 …………………………………………………… 55
　　二、案例：黔东南 L 村介绍及乡村振兴现状 ………… 57
　　三、乡村振兴的可能路径与人才融入 ………………… 68
　　四、小结 …………………………………………………… 74

第四章　人才与 V2 类村庄 ………………………………… 75
　　一、引言 …………………………………………………… 75
　　二、案例：黔南 Y 村介绍及乡村振兴现状 …………… 76
　　三、乡村振兴的可能路径与人才融入 ………………… 102

四、小结 ··· 107

第五章 人才与 V3 类村庄 ································ 109
    一、引言 ··· 109
    二、案例：黔东南 N 社区介绍及乡村振兴现状 ············ 110
    三、乡村振兴的可能路径与人才融入 ····················· 120
    四、小结 ··· 124

第六章 人才与 V4 类村庄 ································ 125
    一、引言 ··· 125
    二、案例：渝东南 J 村介绍及乡村振兴现状 ··············· 126
    三、案例：黔东南 W 村介绍及乡村振兴现状 ·············· 141
    四、乡村振兴的可能路径与人才融入 ····················· 160
    五、小结 ··· 164

第七章 人才的融入机制与作用 ··························· 166
    一、为什么重提地方人才？ ······························ 167
    二、地方人才与乡村振兴 ································· 169
    三、主体意愿与规则供给 ································· 172
    四、地方人才融入乡村振兴战略的作用与评估 ··········· 177
    五、总结、建议与前瞻 ··································· 180

参考文献 ··· 184

第一章 绪 论

一、选题依据与研究内容

（一）选题依据

2017年10月18日，习近平总书记在党的十九大报告中指出，实施乡村振兴战略。2018年2月4日，中央一号文件《中共中央 国务院关于实施乡村振兴战略的意见》公布。乡村振兴，要发挥农民的主体作用。民族地区的乡村振兴，也要鼓励少数民族干部和群众的参与。在这一过程中，地方人才大有可为。

1. 国内外相关研究的学术史梳理及研究动态

（1）国外研究

有关社区人才的研究一直备受国外人文社科领域的关注。可以从概念、分类、实现方式及其再生产等四个方面概括国外对社区人才的研究。国外文献中，人才与社区精英的说法密不可分，通常指那些集体行动过程中能够发挥与个体不相称的影响力的人们。[1] 人才有不同的分类，韦伯认为，权威的正当性可以建立在三种基础之上，即理性（对已制定的规则之合法性的信仰，以及对享有权威根据这些规则发号施令者之权利的信仰）、传统（对悠久传统的神圣性以及根据这些传统行使权威者的正当性

---

[1] Aniruddha Dasgupta, Vivtoria A. Beard. *Community Driven Development, Collective Action and Elite Capture in Indonesia*. Development and Changet, 2007, 38 (2), 229-249.

的牢固信仰）与超凡魅力（对某个个人的罕见神性、英雄品质典范特性以及对他所启示或创立的规范模式或秩序的忠诚）。[1] 杜赞奇将20世纪上半叶中国华北农村有影响力人物分为两种：保护型经纪和营利型经纪，他指出，当时的国家政权建设使得地方文化网络的权力要素发生了变化，国家与地方的沟通桥梁——农村精英逐步由保护型经纪转变为营利型经纪，进而，国家政权内卷化的现象出现。[2] 布迪厄认为，人才通过象征权力和象征资本对他人施加影响，这种影响并不是一种强制力。权力场域描绘了社会位置之间存在的力量关系，这种社会位置确保它们的占有者握有一定量的社会力量或资本，以便使他们能够跻身于对垄断资源的争夺之中。[3] Lewis 和 Hossain 也认为，大多数情况下，普通民众并没有意识到已经成为某些人物的跟随者。[4] Platteau 等认为，地方人才有自己的利益诉求，通过扩大外部社会与当地社区之间的信息鸿沟，地方人才从中获取到了利益。[5]

关于人才的再生产，主要有两种理论：再生理论和循环理论。再生理论强调人才更替的封闭性，即人才更替只在集团内部进行。循环理论则相反，倾向于认为人才集团内部会不断增加新力量。

国外的研究中，地方社区的发展与振兴主要可概括为两种模式：政府主导与组织参与。政府主导模式强调政府的主导作用，组织参与则充分肯定社区成员参与公共事务的必要性和重要性，其目标群体测定更精准。然而，无论哪一种发展或振兴方式，地方人才的作用都是不能忽略的。国外有关地方人才的研究，总体上较为关注个体与社会、国家的互动过程，这种研究思路值得借鉴。

---

[1] [德] 马克斯·韦伯：《经济与社会》（第一卷），阎克文译，上海：上海人民出版社，2010年，第322页。

[2] [美] 杜赞奇：《文化、权力与国家：1900—1942年的华北农村》，王福明译，南京：江苏人民出版社，2010年，第54页。

[3] 高宣扬：《布迪厄的社会理论》，上海：同济大学出版社，2004年，第107页。

[4] D. Lewis, A. Hossain. A Tale of Three Villages: *Power, Difference and locality in Rural Bangladesh*. Journal of South Asian Development, 2008, 3 (1). 33-51.

[5] Jean-Philippe Platteau, Vincent Somville, and Zaki Wahhaj. Elite Capture Through *information Distortion*: A Theoretical Essay. Journal of Development Economics, 2014, 106 (1): 250-263.

(2) 国内研究

随着中国农村问题研究的深入，地方人才逐渐成为重要的研究对象，具体研究实践中，人才通常与精英、乡贤等词汇并用。结合本研究的主题，可作如下归纳和评述：①人才的界定研究。地方人才指代在基层生活实践中具有一定的专业知识或专门技能，掌握更多"资本"，能进行创造性劳动且可以一定程度上影响其他社区成员的人们。人才有时被冠以精英的说法。在小群体的交往实践中，那些比其他成员能调动更多资源、获得更多权威性价值分配的人，可称为精英。[1]乡村精英在某些方面拥有比一般成员更多的优势资源，并利用这些资源取得成功，为社区做出贡献，从而使他们具有了某种权威，能够对其他成员乃至社区结构产生影响。[2]其中，优势资源、一定程度的成功及对社区的影响是乡村精英定义中重要的三个因素。对村庄社区的运行与发展所产生的影响可以是直接的也可以是间接的。[3]②地方人才的类型。关于地方人才的区分，有两分法、三分法、四分法之别。学界常见的关于人才的区分依据掌握资源种类的不同来进行，即人才可分为行政人才、经济人才和社会人才。两分法中，人才通常被分为体制内人才与体制外人才、治理人才与非治理人才等。另外，就乡村治理而言，依据权威来源的不同，郭苏建、王鹏翔将乡村治理人才划分为"长老型""任命型""能人型"和"治理型"四个类别。[4]李祖佩、梁琦概括了四种治村类型，即"富人"治村、"狠人"治村、"能人"治村、"老好人"治村，并分析了不同治村类型人才的行动逻辑。[5]③地方人才的结构。金太军将乡村权力结构的研究概括为内部和外部两种视角，他指出了两种研究的相互脱节，并试图用"国家—村庄精英—普通村

---

[1] 仝志辉：《农民选举参与中的精英动员》，载《社会学研究》，2002年第1期。
[2] 项辉、周俊麟：《乡村精英格局的历史演变及现状——"土地制度—国家控制力"因素之分析》，载《中共浙江省委党校学报》，2001年第5期。
[3] 郑庆杰、刘欢：《乡村振兴视野下的流动精英与公共参与——基于H省R县河村的分析》，载《山东社会科学》，2018年第11期。
[4] 郭苏建、王鹏翔：《中国乡村治理精英与乡村振兴》，载《南开学报》（哲学社会科学版），2019年第4期。
[5] 李祖佩、梁琦：《资源形态、精英类型与农村基层治理现代化》，载《南京农业大学学报》（社会科学版），2020年第2期。

民"的三重权力分析框架来调和。其中,村庄精英位于这种权力结构的中间环节,起着承上启下的作用。[1] 吴毅认为,一个以治理精英为主体,不断吸纳非治理精英的阶层,已逐步构成了村庄公共参与的主体力量。而普通村民对村庄公共事务则普遍抱持着淡漠态度,形成了"无政治阶层"。[2] ④地方人才的流动。郭正林认为,通过直接选举的制度渠道,村民可以将经济能人送上村政舞台,从而改变人才的构成。[3] 任敏指出,乡村精英的外流对乡村发展的贡献呈现边际递减,乡村将为其精英的外流承受越来越高的机会成本。[4] 郑庆杰、刘欢认为,流动精英可以通过一些方式参与乡村公共生活、乡村振兴战略实施中,相较于留乡精英、返乡精英,城乡二元空间之下流动精英的重要性应该引起重视。[5] 陈会谦、薛晴指出,人口的外流影响了乡村振兴战略的实施,需遏制乡村精英流失的态势,吸引乡村精英回流,完善致富带头人的选育制度。[6] ⑤人才的更替与再生产。杨君、贾梦宇认为,选举和资源是影响农村人才流动的两个重要因素。在各类精英长期的博弈中,田野点村庄的治理格局由"多元精英治理"转变为"富人治理"。[7] 李祖佩提出了"新代理人"的概念来描述当前村治的主体,认为"新代理人"与传统代理人在权威来源、精英替代逻辑、治理机制和治理绩效等方面存在显著不同。[8] ⑥乡贤研究。刘芳、孔祥成认为,社会转型催生了农村新乡贤群体的形成。离退休干部、知识分子、退役军人、优秀农民工、乡村企业家等都可纳入新乡贤群体范畴。他们通过与村两委的合作或补位,创新了多种村治参与机制和实

---

[1] 金太军:《村庄治理中三重权力互动的政治社会学分析》,载《战略与管理》,2002年第2期。

[2] 吴毅:《村治中的政治人——一个村庄村民公共参与和公共意识的分析》,载《战略与管理》,1998年第1期。

[3] 郭正林:《卷入民主化的农村精英:案例研究》,载《中国农村观察》,2003年第1期。

[4] 任敏:《流出精英与农村发展》,载《青年研究》,2003年第4期。

[5] 郑庆杰、刘欢:《乡村振兴视野下的流动精英与公共参与——基于H省R县河村的分析》,载《山东社会科学》,2018年第11期。

[6] 陈会谦、薛晴:《乡村精英流失背景下农村致富带头人的选育研究》,载《农村经济》,2019年第1期。

[7] 杨君、贾梦宇:《选举与资源:村庄精英流动与权力继替规则——基于皖南S村的调查》,载《中国农村观察》,2013年第4期。

[8] 李祖佩:《"新代理人":项目进村中的村治主体研究》,载《社会》,2016年第3期。

践模式。[1]许汉泽、徐明强指出，不同于传统乡贤与新乡贤，"任务型乡贤"的实践是一种半正式化的吸纳性治理模式。农村党员、人大代表以及中心户长等多元主体被吸纳进治理体系，实现了乡村精英的整合与再造。[2]

综上，国内对农村人才的研究涉及多个主题，也经历了不同的发展阶段。世纪之交，学者们对农村人才的定义、类型以及结构的探讨比较多，形成了一个研究小高潮。这一时期的分析方式主要是静态式概括。近些年，随着城市反哺农村力度的加大、随着脱贫攻坚工作的展开以及乡村振兴战略的实施，地方人才研究又进入了学者们的视野。这一时期，人才流动、人才再生产等问题被讨论的热度较高。改革开放四十多年，农村和农民已经分化，但与此同时，大量的国家资源正在通过各种形式进入乡村，地方社会如何承接国家资源与乡村人才的行动有很大的关联性。人才的流动、更替以及俘获等问题被广泛讨论，也就不足为奇。民族地区通常为边疆地区、欠发达地区，大多是劳动力输出地区。民族地区乡村也正自上而下自外而内承接着不少项目和资源，学界对乡村人才新动态的把握将为民族地区地方人才的研究提供重要启发。在民族地区乡村，人才的流动现象、人才的俘获现象也不同程度地出现，并对当地能否实现治理现代化产生着较为深刻的影响。

但总体上来说，国内对乡村人才的研究主要还是以汉族村落为考察对象，有限的立足西南地区地方人才的讨论则往往更关注历史时期。既有的为数很少的考察地方人才的文献中，对人才活动以及村民自治之间的耦合态势缺乏深入的剖析，而新语境下，乡村振兴战略实施过程中，乡村人才扮演什么角色、怎样参与、融入机制以及人才之间的联动机制如何构建等问题，关注者较少，而这正是本研究的着力所在。

2. 相对于已有研究的学术价值和应用价值

（1）学术价值：民族学、人类学的研究长于族群、族群性的探讨，本

---

[1] 刘芳、孔祥成：《乡贤治村：生成逻辑、实践样态及其完善路径》，载《江海学刊》，2020年第6期。

[2] 许汉泽、明强：《"任务型乡贤"与乡村振兴中的精英再造》，载《华南农业大学学报》（社会科学版），2020年第1期。

研究聚焦西南地区地方人才在乡村振兴战略实施过程中的角色扮演，更注重民族话语在群体和个体层面的各种实践，其最大的学术价值在于，将民族学的研究从"族群"范畴拓展至"社会"范畴。

（2）应用价值：从宏观上讲，有助于提高党和政府对基层民族地区治理的有效性，有助于我国西部大开发战略新格局的形成与巩固；从微观上讲，可以为调查点及类似地区的基层工作者提供参考性资料和意见，帮助他们认识和解决实际存在的问题。

（二）研究内容

1. 研究对象

本研究以乡村人才为研究对象，选取我国西部地区几个较为典型的民族村落作为田野点，通过长时间的参与观察、有针对性的调研，考察地方人才在乡村治理及乡村振兴战略实施过程中的角色扮演、融入机制以及所发挥的作用等问题，进而探讨并总结广大的乡村民族地区顺利实施乡村振兴战略的可能性路径与可行性方案。

2. 总体框架

（1）民族地区地方人才的构成及性质分类。人才是一种模糊的指代，不同的语境可以代指不同的个体和团体。民族乡村地区幅员广阔，地方性知识各异，首先要根据不同地区的第一手田野资料来对地方人才的构成及性质做出基本的类别划分。这是研究展开的基础。

（2）不同类别地方人才之间的关系。当前，概而言之，资金、知识等都可作为个体人才化存在的资本，但不同的地区、同一地区不同的时间段，这些人才形成的认受资源的重要性却存在明显的差异。因人才所依赖的资源要素重要性的变化，人才之间的关系也便处在变化之中。

（3）乡村有效治理的阻滞因素与地方人才事实上的存在状态。乡村的有效治理离不开乡村人才的参与，民族乡村地区的有效治理离不开具有民族身份的地方人才桥梁角色的扮演。研究主要考察地方人才不同的存在状态、分析乡村治理的各种阻滞因素，探讨乡村治理的有效性与地方人才参与程度、参与愿望之间的关系。

（4）民族地区地方人才的整合机制、联动机制。针对民族地区地方人才不同的存在状态、不同个体间的关系状态，结合田野点的具体材料和情况，讨论地方人才的整合机制和联动机制。地方人才是国家与民族地方沟通的中间人，地方人才的整合和联动理论上能够盘活国家输入地方的各种项目资源，并将外部的帮扶转化为地方发展的内在动力。

（5）民族地区地方人才融入乡村振兴战略的制度设计与评估。主要考察地方人才在乡村振兴战略实施中扮演什么角色、怎样扮演角色以及所扮演角色事实上的作用问题。乡村振兴为的是农民，全球化、经济一体化的时代背景却正在将农民拉离土地，整体而言，农民的原子化、个体化趋势越来越显著。当前，民族地区还具有丰富的地方性文化资源，地方人才可以在大离散小聚合之中起到可能的带动作用和示范作用。

3. 重点难点

地方人才以怎样的方式融入乡村振兴战略中来，如何在国家和民族地区基层民众之间架起有效的沟通桥梁是本书研究的重点；而难点则在于如何从理论上提炼出融入的模式以及对这些模式进行要素评估。

4. 主要目标

通过对不同田野点的地方人才参与乡村振兴建设时所扮演角色、融入的程度和方式等的考察，分析地方人才在乡村振兴战略实施过程中所能起到的正面和负面的诸种作用，总结地方人才融入乡村振兴战略的整合机制、联动机制、效用机制，根据不同地区田野经验的反馈，结合理论研究，进行相应规避负面作用、鼓励正面作用的制度设计和评估。在理论上充实并发展乡村治理理论，在实践上为党和国家顺利实施乡村振兴战略提供参考性意见。

二、思路方法与创新之处

（一）思路方法

1. 基本思路

乡村振兴要依靠农民这个主体，农村实现现代化要有农村人才来带头。首先分析民族地区地方人才在当前乡村治理、乡村发展中起到的正反两方面的作用，考察民族话语的实践效果；其次探讨地方人才的整合机制和联动机制；最后总结地方人才有效融入乡村振兴战略、有效发挥带头作用的路径选择。

2. 研究方法

（1）文献研究法：广泛搜集与地方人才及乡村振兴战略相关的文献，并依据课题的需要，对这些文献进行梳理、归纳与运用。

（2）田野调查法：研究开始后，深入选取的田野点进行调查。通过参与观察、结构式访谈、半结构式访谈、问卷等方式进行田野作业，并对调查内容作详细描述和记录。

（3）归纳分析法：在田野第一手资料的基础之上，结合研究主题和研究框架，综合运用相关理论，对民族地区地方人才融入乡村振兴战略的机制、路径等进行归纳、分析与总结。

（4）叙事研究法：针对某个个体的生活史，用一种叙事的方式将信息转述或重新编写下来。

（二）创新之处

1. 学术思想之特色与创新。本研究聚焦民族地区的农村现代化，强调了人的主观能动性以及乡村振兴战略实施过程中基层民众的创造性转化，并从理论和实践两个层面充实了既有研究。

2. 学术观点之特色与创新。民族地区的乡村振兴要发挥地方人才的能动作用，要着力完善民族工作机制、监管机制，做到宽紧适度，有的放矢。

3. 研究方法之特色与创新。除了进行各种形式的访谈、参与观察和文物文献的收集整理外，本研究还用到了历史文献法、问卷调查法、叙事研究法以及借助媒介手段的新式调查法。

三、概念界定及人才分类

（一）人才的界定

正如前文对社区人才的国内外研究综述中所言，人才是个模糊的说法，不同历史时期，评判标准怎样、具体指代哪些人都不一样。同样，加了限定语的地方人才也不是个组织严密的群体，而是包含了利益不同、层次不同、目标不同、道德水准参差不齐、影响力大小有别的个体和群体。[1] 张静在研究乡村社会时，将人才视作那些在乡村基层具有正式或非正式公务身份的人，他们是（体制内或体制外）公务活动的组织者和管理者。[2] 张静的定义较为强调人才的公务身份。[3] 上文中仝志辉的定义较为微观化，强调了人才（精英人物）生成的具体语境与实践过程。张静与仝志辉的乡村人才定义实质上并无明显区别，只不过侧重点不一而已。乡村振兴战略的实施不可能一蹴而就，民族地区地方人才的角色扮演也处于流动之中，因此，更加关注民族地区地方人才的生成和存在语境是有必要的。结合两人的定义，本文中的地方人才可泛指那些在基层生活实践中具有一定的专业知识或专门技能，掌握更多"资本"，能进行创造性劳动且可以一定程度上影响其他社区成员的人们。这些地方人才有的具有民族身份。

（二）人才的分类

上文已概括，学界对乡村人才有不同的分类方法，二元的分法通常将乡村人才分为体制内和体制外，或治理人才和非治理人才。例如，仝志辉、贺雪峰曾将村庄权力结构划为三层：体制精英—非体制精英—普通村民，并在此基础上探讨了不同理想类型村庄中非体制精英所起到的

---

[1] 孙秋云：《村民自治制度下少数民族乡村精英的心态与行为分析——以湖北西部土家族地区农村为例》，载《中南民族大学学报》（人文社会科学版），2004年第3期。
[2] 张静：《现代公共规则与乡村社会》，上海：上海书店出版社，2006年，第60页。
[3] 仝志辉：《农民选举参与中的精英动员》，载《社会学研究》，2002年第1期。

作用，进而讨论了选举后村级权力的合法性问题。[1] 吴毅认为，一个以治理人才为主体，不断吸纳非治理人才的阶层，已逐步构成了村庄公共参与的主体力量。而普通村民对村庄公共事务则普遍抱持着淡漠态度，形成了"无政治阶层"。[2] 这种二分法都以政府或国家的授权与否作为人才区分的最主要标准，针对的主要是村庄政治。上述仝志辉、贺雪峰、吴毅等人关于乡村人才（精英人物）的研究主要以中东部的汉族村庄为田野考察对象，成果距今已近二十年。进入二十一世纪，乡村社会及其治理基础发生了较大变迁，不过，这种简单的关于乡村人才的分类却并不完全过时。在当下的民族地区，地方人才想要在公共事务之中发挥作用，也越来越需要获得一个政府认可的公共身份。也就是说，民族地区的地方人才也可依据与政府的关系划分为两类：体制内外或治理与非治理。当然这种二分法也存在模糊或有歧义之处，作为分类依据、标准，体制和治理的说法还可深究。对一些退休的或不在一线的党员干部以及从村庄离开的任职人员，体制内外的界归存在困难。[3] 而治理的理念最为学者们接受的一点便是，其内涵包括治理主体的多元性，既然主体的多元是治理这个日渐被概念化的词汇的题中应有之义，将人才区分为治理与非治理，势必给人带来困惑。除了二分法，还可以将乡村人才按照类别分为行政人才、经济人才、社会人才等，或者依照人才授权来源的不同分为管理人才、经济人才、知识人才等。三分法中，将乡村中的致富能人，即那些相较其他成员拥有更大量的经济资源的人们称为经济人才，几乎是没有异议的。而将乡村社区中起领导、管理、指挥等作用的成员称为行政人才也没有多少异议，只不过不同的研究者可能给以不同的称谓，比如技能人才、行政人才等。至于社会人才的说法则存在一些争议。有的三分法中，将社会人才改为文化人才。但文化人才的说法依

---

[1] 仝志辉、贺雪峰：《村庄权力结构的三层分析——兼论选举后村级权力的合法性》，载《中国社会科学》，2002年第1期。

[2] 吴毅：《村治中的政治人——一个村庄村民公共参与和公共意识的分析》，载《战略与管理》，1998年第1期。

[3] 孙秋云：《村民自治制度下少数民族乡村精英的心态与行为分析——以湖北西部土家族地区农村为例》，载《中南民族大学学报》（人文社会科学版），2004年第3期。

然存在一定的模糊性。

无论几分法，这些对于乡村人才的分类皆是应然分类，而非某种实然。具体到某一村庄，可能人才无法明确分类，或出现人才身份重叠的现象。比如，某一人才既是村干部，又是致富能手还是掌握地方性文化传统的权威。另外，村庄的类型不同，也会影响这种分类。西部民族地区的个别村庄，绝大部分青壮年劳动力外出务工，老人去世都找不到抬棺的年轻人，村干部也主要由五六十岁不再外出务工的老者担任，这一类的村庄，甚至无法选出人才，也就谈不上人才的分类。非要分类，这类村庄的人才只能以在场与不在场进行区分。

综合以上对人才分类的讨论，结合本课题的研究对象，本文依照人才授权来源的不同将其分为三类：管理人才、经济人才、知识/技术人才。管理人才类似于其他文献中的行政人才、党政人才、治理人才等，指关注公共事业、参与管理和治理乡村社区的人们，既包括乡村干部，也包括热心政治的村民或基层党员。经济人才指代那些相较其他成员拥有更大量的经济资源的人们。知识/技术人才的说法对社会人才、文化人才的说法进行了整合，代指那些具有某种谋生技术（农业生产技术、工艺品制作技术、养殖技术等）以及掌握更多现代或传统知识的人们。传统的宗教人才以及没有参与基层政治的宗族内有影响力的人物等都可纳入知识/技术人才的范畴。除了这种根据人才授权来源的不同进行分类外，还可根据人才的流动情况将人才分为在场人才和不在场人才或在地人才和非在地人才。在地人才包括外来人才和内培人才。外来人才指的是派驻到村庄社区的第一书记、民委或其他政府部门的帮扶人员、大学生村干部以及来投资的企业老板等，内培人才指的是社区内部培育的能在乡村振兴战略实施中起带头作用的各类人才。非在地人才包括外出人才和外在人才。外出人才指的是到外面发展、有一定社会影响力、具备一定经济实力的曾经的社区成员。他们可以在外宣传村庄、为家乡提供一些资源或有可能被动员回到家乡建功立业。外在人才则是那些与村庄社区关联不大但因为某些原因关心村庄社区发展并愿意提供力所能及帮助的人们。那么同一个时间横切面上，理论上讲，地方人才可以作如下分类：

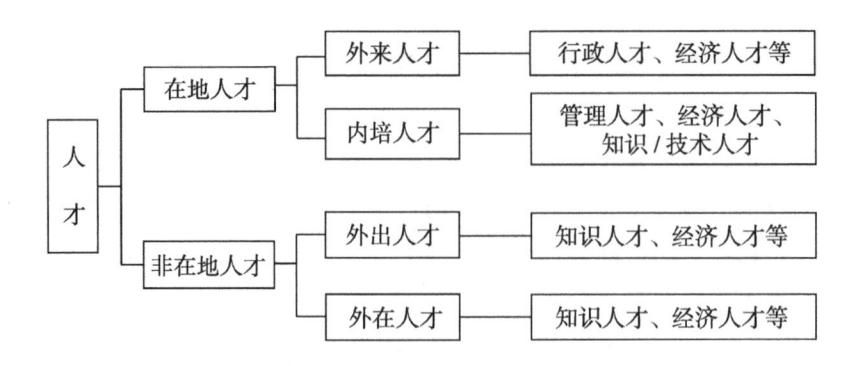

```
                    ┌─ 外来人才 ──── 行政人才、经济人才等
         ┌─ 在地人才 ─┤
         │          └─ 内培人才 ──── 管理人才、经济人才、
    人才 ─┤                              知识/技术人才
         │          ┌─ 外出人才 ──── 知识人才、经济人才等
         └─ 非在地人才┤
                    └─ 外在人才 ──── 知识人才、经济人才等
```

本研究的主题是地方人才融入乡村振兴战略的机制与作用，回应的是民族地区的乡村振兴战略实施过程中需要哪些地方人才参与、怎么"吸""引"他们参与以及参与进来具体做什么等问题。针对这个主题，内培人才、外出人才中能够提供各类支持以及有意愿回乡开启一番作为的人们是重要的关注对象，同时外来人才的角色也不容忽视。到民族地区乡村进行帮扶的外来人才不一定具有少数民族身份，或者说也可能具有与所帮扶群众相同或相异的民族身份，内培人才、外出人才以及外来人才之间的整合与联动尤为重要，尤其内培的地方人才与外来人才之间的整合与联动更为关键。地方人才参与机制的形成与作用的发挥不仅仅与地方人才有关，更与当地政府的人才政策、人才处理制度等关联甚密。

四、人才存在状态、相互关系与村庄分类

对于当下的民族地区而言，地方人才的分类并不存在特别之处，也不需要另辟蹊径。但这些人才的相互关系以及存在状态却值得认真讨论和探究。人才分类的前提是有人才，人才可以被持续分类的前提则是人才能够完成再生产。民族地区通常为贫困地区、欠发达地区，是人口大规模外流的地区。如果将人口的就地再生产作为最重要的衡量指标，那么，民族地区的村庄可大致分为两类：可持续型村庄和非可持续型村庄。随着城市化、城镇化的持续推进，从整个国家的宏观视角看，几十年来，乡村发生的最为显著的变化是数量的减少。而民族地区，由于生存环境

较为恶劣、外力的巨大吸引，村庄消失的数量和规模更大。村庄的类型不同，村庄内部人才的存在状态及相互关系也不尽相同，甚至，分类也有可能会不同。总体而言，西部民族地区绝大部分村庄都是非可持续型村庄，即对西部民族地区的绝大多数村庄而言，人口外流都是基本的现实，而且这种现实有可能会持续下去。很少一部分村庄，通过乡村旅游或产业发展等形式就近吸纳了一些劳动力，人口不至于大规模流失。对于绝大多数的非可持续型村庄而言，治理人才主要起到上传下达的作用，选出能够灵活掌握国家政策且能创造性地完成上级的各项任务的地方人才担任基层领导的可能性不大。而非治理人才，比如党员、经济人才等的数量有限，或者根本已经迁出村庄。一般情况，一个留在村庄的青壮年劳力要身兼数职才能勉强维持生活。他有可能是村干部，种植经济作物，同时开小卖部或掌握一门能够带来经济收入的手工业技术等。这类村庄，管理人才可能也存在竞争关系，但热心政治又愿意留守乡村的地方人才很少。最可能的情况是，管理人才的竞争性不大。其他类别的人才，经济人才可能太少，利益关切也不在村庄内部，一旦条件允许，基本会搬出村外。一些传统的社会人才、技术/知识人才等起着辅助治理人才的作用，其价值主要体现在婚丧嫁娶等事宜上，不同类别的人才要么集于一人之身，要么关系相对不那么紧张。对于那些可持续型村庄而言，一部分村民能够实现本地化生存。既然人没有离开，不少人的利益关切还在村里，那么，理论上讲，管理人才的角色将会被人们注意，并引起竞争。其他非治理人才的数量较多。经济人才可能愿意参与村庄治理，而宗族人才等传统型人才也可能较为活跃。不仅管理人才内部有可能持续产生竞争，不同类别的人才之间也可能产生竞争。

中共中央、国务院印发的《乡村振兴战略规划（2018—2022）》中指出，要根据不同村庄的发展状况、区位条件、资源禀赋等分类推进乡村发展，不搞一刀切。《乡村振兴战略规划（2018—2022）》将全国的村庄大致分成了四类：集聚提升类村庄、城郊融合类村庄、特色保护类村庄、搬迁撤并类村庄。2019年，中央农办、中华人民共和国农业农村部、中华人民共和国自然资源部、中华人民共和国国家发改委、中华人民共和国财政部五部门联合发布的《关于统筹推进村庄规划工作的意见》中也将县域村庄分为同样的四类，同时指出，对于看不准的村庄，可暂不分类，留出足够的观察和论证时间。分类要有其标准，集聚提升类、城郊融合类、特色保护类、搬迁撤并类这种四分法主要依据村庄呈现的最为明显的外部特征来进行区分，是不完全分类。正因此，《关于统筹推进村庄规划工作的意见》中才强调，对于看不准的村庄，即外部特征不明显的村庄，可暂不分类，留出足够的观察和论证时间。《乡村振兴战略规划（2018—2022）》针对的是全国的村庄，当然包括民族地区的村庄。从外观上看，民族地区乡村也有集聚提升类村庄、城郊融合类村庄、特色保护类村庄、搬迁撤并类村庄，但民族地区乡村四类村庄的比例可能跟中东部地区不太一样，集聚提升类村庄的可识别难度可能比中东部地区更高。民族地区乡村一般有其特点，这些特点跟集聚提升类、城郊融合类、特色保护类、搬迁撤并类这种村庄分类所依据的标准不相重合。这些特点往往跟村庄的地域属性、人群的结构方式等关联更密切。因此，民族地区的乡村可以进行更加细化和更有针对性的分类。上文提及，村庄可持续与否的分类基于人口的外流程度以及生计方式变迁，就村庄内部而言，还可按照村民之间的关系模式、机械结合的程度将民族地区的村庄分为不同的两类。这样，根据村庄人口外流程度和村庄内部机械结合强度的不同可将村庄分为四种类型：

	可持续	非可持续
机械结合程度高	V1	V2
机械结合程度低	V3	V4

机械结合是著名社会学家涂尔干（或译迪尔凯姆）使用的概念，又被翻译成机械团结。机械结合强调社会构成要素的相似性或单一性，这种相似性或单一性通常来自血缘联系。机械结合程度高的社会，内部统一性较强，个性常常被集体意志所淹没。各类村庄内部的地方人才存在状况及相互关系如下：

V1类村庄：人才数量、类型较多，治理人才、非治理人才并存，除管理人才外，经济人才、知识人才等也有一定话语权，但除短暂过渡期，治理人才内部竞争性不强，治理人才与非治理人才之间竞争性不强。

V2类村庄：人才数量、类型较少，主要治理人才在维持社会秩序，治理人才话语权大，经济人才很少，且迁出村庄可能性大，知识人才话语权较小。治理人才内部有竞争性，但不强，几乎不存在治理人才与非治理人才间的竞争。

V3类村庄：人才数量、类型较多，治理人才、非治理人才并存，除管理人才外，其他类型人才，尤其经济人才也有很大话语权，治理人才内部竞争性强，治理人才与非治理人才之间竞争性强。

V4类村庄：人才数量、类型少，主要治理人才在维持社会秩序，但治理人才话语权小，主要起上传下达作用，经济人才少，且迁出村庄可能性大，知识人才无话语权，治理人才内部竞争性不强，治理人才与非治理人才之间竞争性不强。

具体而言，四类村庄在人才数量、人才类型、人才存在状态、人才关系上的比较，如下表：

	V1	V2	V3	V4
人才数量	多	少	多	少
人才类型	多	少	多	少
人才存在	分享权威性	治理人才独享权威性	分享权威性	治理人才也无权威性
人才关系	过渡期外，竞争性较小	竞争性小	竞争性大	竞争性小，或无竞争性

五、民族地区乡村振兴

党的十九大报告提出、制定了乡村振兴战略。与其他"六大战略"相较，乡村振兴作为一种战略的提法尚属首次。也就是说，其他"六大战略"是此前的某种继承，而乡村振兴战略则是某种创新。毫无疑问，这种着眼于当下现实的创新呼应了我国主要矛盾的变化，深具宏观视野和理论见地。我国社会的主要矛盾已变为人民日益增长的美好生活需要和不平衡不充分的发展之间的矛盾，而城乡之间发展的不平衡、空间上东西部发展的不平衡则是我国发展中最为显著的不平衡。乡村发展的不充分尤其民族地区乡村发展的不充分则是我国发展最显著的不充分。实施乡村振兴战略是对这种不平衡不充分的应对，是消除不平衡弥合不充分的具体实践和方法。

实施乡村振兴，意义重大。 乡村振兴的内涵和外延丰富。乡村振兴战略的提出顺应的是亿万农民对美好生活的向往。乡村振兴战略的实施过程将坚持农业农村优先发展，这一提法确立了乡村振兴战略的重要地位。乡村振兴二十字的总要求也是内涵的重要组成部分。加快推进农业农村现代化是实施乡村振兴战略的目标。实现小农户和现代农业有机衔接是乡村振兴的重要举措。促进农村一二三产业融合发展是乡村振兴的动能来源。培养造就一支懂农业、爱农民、爱农村的"三农"工作队伍则是乡村振兴的重要保障。实施乡村振兴战略回答的是农业农村农民如何走向现代化的问题，建成社会主义强国，最重的任务、最厚的基础、最大的潜力和后劲都在农村。

乡村振兴，关键在人。 中共中央、国务院印发的《乡村振兴战略规划（2018—2022年）》指出，实行更加积极、开放、有效的人才政策，推动乡村人才振兴。要培育新型职业农民，加强农村专业人才建设，鼓励社会人才投身乡村建设。2021年，中共中央办公厅、国务院办公厅又印发了《关于加快推进乡村人才振兴的意见》。要求落实，加快培养农业生产经营人才，加快培养农村二、三产业发展人才，加快培养乡村公共服务人才，加快培养乡村治理人才，加快培养农业农村科技人才，充分发挥各类主体在乡村人才培养中的作用，建立健全乡村人才振兴体制机制。从这份文件能明显看出，乡村振兴对人才的迫切需要。本课题回应的恰恰就是民族地区乡村振兴过程中人才的"吸""引""用"等问题。

如何实施乡村振兴战略，2018年中央一号文件已经做了部署，给出了指导性意见，各级政府部门正在抓紧落实。如果说乡村振兴战略实施过程中面临诸多难点和重点的话，那么，最大的难点和重点便是这些部署和指导性意见怎样落地刚刚脱贫的民族地区,换句话说,民族地区的乡村振兴基础更加薄弱、任务更加艰巨。本节旨在从民族地区(以西南民族地区为例)的现实与国家乡村振兴的总要求之间的对比分析中,寻觅民族地区实现乡村振兴的可能性并探讨其可行性路径。

我国的民族工作按照地域属性可分为民族地区民族工作和散杂居民族工作。民族地区的乡村振兴不仅包括民族自治地方的乡村振兴,也包括民族自治地方以外的少数民族基层居住社区的乡村振兴。近些年,中国城市化进程不断加快,2014年的中央民族工作会议做出研判,我国已进入各民族跨区域大流动活跃期。这种流动与活跃不仅仅意味着民族地区基层的少数民族民众涌入城市,也意味着内地汉族农村人口进入民族地区寻求生存机遇。相比城市民族人口,我国更多的少数民族人口居于交通相对闭塞的乡村地区。当前的城市民族工作可能要解决进入城市的少数民族如何留在城市、如何融入城市、公共服务如何均等化配置等问题,而乡村的民族工作恰恰可以与落实乡村振兴战略紧密结合起来。因为流动性的广泛存在,民族地区乡村也渗入了异质性和差异性。进入城市的少数民族处于深度的交往交流交融之中,居于乡村的少数民族与周围民族的互动也在变得频密,且群体内部赖以成"群"的客观特征、主观特征也同时处于变迁当中。只不过,与汇入城市的少数民族不同,留守或回归乡村的少数民族的族际族内交往还受到地理环境以及地方性知识的影响。

(一)结合现实看要求

党的十九大报告不仅提出了乡村振兴战略,还概括了乡村振兴的二十字总要求:产业兴旺、生态宜居、乡风文明、治理有效、生活富裕。2018年中央一号文件根据中国现代化分段式的时间规划确定了相应的质性目标。即2020年取得重要进展,2035年取得决定性进展。结合西南民族地区的现实图景,对二十字的总要求作如下解读:

1. 产业兴旺和生活富裕

这两点可主要归入"五位一体"总体布局经济建设之中。当然也可纳入社会建设之中。相对来说,西南民族地区是经济发展较为落后的地区,产业发展也相对薄弱。产业是社会分工的后果和产物,通常来讲,有第一产业第二产业第三产业之分。这里的产业兴旺当然可以涵盖第一第二第三所有产业。但其中,对于乡村来讲,最重要的可能还是属于第一产业的农业。对于西南民族地区的乡村来讲,林业也相对重要,牧业和渔业等所占第一产业总量之比例则较小。单就农业来说,传统农作物耕作与经济作物种植也有不同。相比传统粮食作物的种植,经济作物比如药材、茶叶等的种植可能具有较高的利益回报,同时可能伴随着较高的投资风险。然而,无论是粮食作物种植抑或经济作物种植,农业所能带来的利润相对都是有限的。第二产业为工业,随着城市工业园区的规模化、良性化,乡村再像20世纪80年代那样发展乡村工业的可能性已经很小。而西南民族地区的乡村,更加不具备发展乡村工业的现实条件。第三产业通常指服务业。从表面上看,乡村发展第三产业的可能性是大的,观光农业、休闲农业、乡村旅游都是很好的发展路径和思路。产业兴旺,还要求一二三产业的融合发展,生产、加工、经营的体系化程度决定了产业能否长期为农民提供生存和就业保障。三产融合指的是依托农业,将资本、技术、资源、制度等要素集约化配置,使得一二三产业高效整合的过程。[1] 需要强调的是,三产融合是多要素多主体的融合,势必带来产业链的增值效应,但这其中怎样保证农民的收益,是个关键问题。产业兴旺,农民或者一部分农民便能实现在地就业,农民工的回流也就成为可能。产业兴旺是为了农民最终能生活富裕。生活富裕主要是经济性指标,可以用农民的绝对收入水平来衡量,或者用恩格尔系数等来测量。

2. 治理有效

这一点可主要归入"五位一体"总体布局政治建设之中。当然也可纳入社会建设之中。治理不同于管理或统治,相较于管理或统治,治理的概念更加强调多主体性和协商性。治理有效不仅有助于提升乡村振兴战略的整体实施效果[2],还是战略实施的制度性保障。当前的乡村,尤其西南民族地区乡村,正承接着大量的国家资源。城市反哺农村的时代大背景之

---

[1] 马晓河:《推进农村一二三产业深度融合发展》,载《中国合作经济》,2015年第2期。
[2] 李周:《乡村振兴战略的主要含义、实施策略和预期变化》,载《求索》,2018年第2期。

下，治理有效变得尤为重要。自上而下自外而内的输入模式比自下而上自内而外的提取模式更容易形成分利秩序[1]。对于西南民族地区的乡村而言，治理有效还关涉到民族的团结、和谐，社会的长治久安，意义更是重大。党和政府的基层组织在国家和广大的农村少数民族民众之间起着沟通的桥梁的作用，也是治理理念中最重要的治理主体。在民族问题治理多元主体的格局中，政府既是多员中的一员，同时也是民族问题治理的主导者。治理的有效有赖于多主体的协作，这也就意味着基层政府需要创新体制机制来动员少数民族民众加入治理格局中来。

3. 乡风文明

这一点可主要归入"五位一体"总体布局文化建设之中。同样可纳入社会建设的范畴。乡村振兴的这一项要求与之前新农村建设的要求并无二致，凸显的是农民精神生活的一致性。乡风文明的说法较其他几点要求要笼统一些。文明本身是个复杂的概念。文明的形态也多种多样。众所周知，我国进行民族识别时参考了斯大林对民族的定义，这个定义既包含了客观的要件也包含了主观的要件，但更强调基于共同语言、共同地域、共同经济生活的客观基础。民族不同，文化形态各异，而文化是乡风文明的重要表现形式。人类学的文化相对论强调文化的平等性，反对一再区分、比对文化的高低贵贱。每一种文化都有自己生成和发展的情境，回归文化的情境谈论文化才是可取的。乡风文明建设的内容包括加强思想道德建设、弘扬优秀传统文化、丰富乡村文化生活等[2]。其中，倡导诚信以及践行社会主义核心价值观都是毫无疑义的，但对不同民族的基层群众来说，什么样的传统文化是优秀的、值得弘扬的，还要再讨论。丰富群众怎样的文化生活也需要再思考。

4. 生态宜居

这一点可归入"五位一体"总体布局生态建设之中。相比新农村建设时期提倡的"村容整洁"，生态宜居强调了人与自然的和谐相处，强

---

[1] 王海娟、贺雪峰：《资源下乡与分利秩序的形成》，载《学习与探索》，2015年第2期。

[2] 王佳星、龙文军：《文化治理视角下的乡风文明建设》，载《江南大学学报》（人文社会科学版），2019年第6期。

调了农民的内在生活质量问题。宜居部分，作为农村整治项目的改炕改厨改厕推行起来并不难，难得是农民生活习惯的真正改变。生态部分，对西南民族地区的少数民族民众而言，与环境的磨合和相处几乎已经渗透到了文化和意识的深处。例如，西南的山地民族，很多还保留着或多或少的自然崇拜的习俗。这种信仰习俗，没有过多将人区别出来，只是把人类视为大自然的普通一分子，与植物、动物同等的一分子。这些朴素的思想，有利于生态系统的维护。少数民族经济生产活动中、通行的习惯中，也包含着生态保护的观念。[1] 当然，随着中国现代化的持续推进，经济的、市场的观念涌入民族地区，乱砍滥伐、破坏生态环境的事例也已屡见不鲜。

（二）结合要求看现实

上文结合西南民族地区的宏观现实对乡村振兴战略二十字的总要求进行了解读和延伸，试图把握要求的主要内涵，即更加清晰地回答终极的目标是什么。有了目标或对要求更加细致的理解之后，我们再结合这些对总要求的细致化的论说来看一看西南民族地区的社会事实。对事实究竟是什么和要求究竟是什么的追问，有利于我们思考现实与要求的距离、实现要求的可能性和可行性。西南民族地区的乡村现实，可以从多个角度多个侧面进行概括，下面总结笔者认为较为重要的或与乡村振兴的实施关联度影响性比较大的基本的显在事实：

1. 自然环境

西南民族地区最显著的自然环境特征就是重峦叠嶂、河流纵横。喜马拉雅山、横断山脉、十万大山、乌蒙山、梵净山、武陵山区、长江、拉鲁藏布江、澜沧江、珠江、乌江、大渡河等，这些连绵的山和交错的河构成了中国最险峻最雄浑同时也是最壮美的风景。大山大河孕育了丰富的物产资源，动植物资源、矿产资源等等，但资源丰富的西南民族地区，除了那些星罗棋布面积不大的坝子，相较而言，大部分地区并不适合人类的居

---

[1] 何星亮：《中国少数民族传统文化与生态保护》，载《云南民族大学学报》（哲学社会科学版），2004年第1期。

住。"蜀道难，难于上青天""地无三尺平，天无三日晴"，这些诗句或俗语生动展现了不宜居住的事实。西南地区民族众多，且分布复杂，与西南地区的这种错综的自然环境有着很大的关系。一方面，地形的险峻与崎岖阻隔了外族的入侵与兼并。另一方面，正是由于高山林立、大河密布，西南地区内部完全可以被分割成互不通联互不相属封闭性极强的地域单元。

2. 民族及其文化

以云贵高原为中心的西南地区，民族众多，尤其滇黔两省。贵州有17个世居少数民族。云南有25个世居少数民族。云贵高原上的民族，身处不同的地域单元，封闭性造就了多样性和独特性。语言、风俗、服饰、仪式、信仰等的不同也可以说是对环境适应的结果。当然，随着现代化进程的持续推进，经济全球化、一体化也势必带来对地方文化形态的多重冲击。民族学人类学界经常提到的涵化这一术语，指的就是两种文化或两种以上的文化因接触、碰撞、影响而造成的一方、双方或多方发生的文化变迁。对于西南地区的各个民族及其文化而言，涵化无时不在发生，但文化主体并非全然被动，它可能会调动、整合内部资源，适应这种有关接触和联系的社会事实。文化处在不断地解构与重构之中，适应与变迁可被视作文化的一般特点。就像上文提及的那样，论及乡风文明建设，弘扬优秀传统文化的说法比较流行，或者换成大体相同的表述，即"取其精华舍其糟粕""创造性继承"等等。但就西南民族地区所呈现的文化形态来看，需要重新考察优劣，重新评判何为精华何为糟粕。举例说明，贵州的土家族、苗族、侗族等多个少数民族中，至今保留着传统的斗牛习俗。甚至，在某些地域大力发展乡村旅游产业之时，都曾规划建设大型的斗牛场。斗牛这样一种文化习俗，是优是劣？谁来评判优劣？乡村振兴战略实施过程中，乡风文明这一条要求，对于西南民族地区而言，应作宽泛的情境性理解。

3. 乡村的分散

受地理环境的约束和限制，西南民族地区村落分布多依山傍水，尤其河流两岸的缓冲地带和坝子，村落分布较为密集。山区耕地稀少，为了节省田地，有些地区的民族，也选择伴山而居。西南民族地区整体上村落的分布特点可以用"一山一岭一村落"[1]来概括。这里的村落,通常指自然村,而非行政村。自然村,往往是家族或宗族村,即一个家族、宗族或几个家族、宗族聚居成一个村落。田土是稀缺资源,适合作为田土的地方是有限且零散的,那么,自然村的分布也就同样是分散的。以处于广西和贵州交界地带的瑶麓举例,瑶麓居民原本为狩猎民族,到处迁徙,居址不定。两三百年前,开始定居荔波的瑶麓地区。几个自然寨子错落分布在相依的河谷地带。对于西南地区的壮族、苗族、侗族、瑶族等民族来说,水稻是重要的粮食作物。但只有坝子或河流两岸的平坦地域才适合种植。田地太少,人均田地更少。西南民族地区,传统的少数民族民众主要是靠田土里的作物生存的。村落是人群的聚居之地,人面向土地生存,那么村落也就面向土地分布。环境偏僻,分布零散,也导致交通不便、人们出行困难。但村落的分散是一种既成事实。生态移民搬迁针对的就是"一方水土养不起一方人"的地方。国家计划"十三五"期间完成1000万贫困群众的易地搬迁。而西南民族地区,不少少数民族群众就生活于生存环境差、不具备基本发展条件的地域之中。贵州是易地扶贫人口最多的省份,截至2019年年底,已有近200万贫困群众完成了易地搬迁。

4. 农民的流动和分化

社会科学领域,学界长期关注西南地区的族群特性。民族学人类学有关西南地区"群性"的讨论可谓汗牛充栋。试想,20世纪上半叶,当民族学家进入西南地区,首先映入眼帘的是那些与研究者在穿着打扮、言谈举止等方面迥异的聚族而居的人们。这种强烈的对比,引出关于"我群"与"他群"的讨论不仅无可厚非,简直水到渠成、自然而然。但时过境迁,随着改革开放的持续深入,城乡二元结构发生了变化。农民可以进城打工。环境越封闭、阻隔越厉害,往往想要挣脱的欲望也更强烈。本来西南地区的深山之中,很多地方就是不适宜人类居住的,当外在的拉力变大,而土地又无法满足人们的基本生存之时,农民便选择了抛弃土地。越贫穷越需要外出。越贫穷,外出的动力越大。西南民族地区,是重要的农民工

---

[1] 杨东升:《论黔东南苗族古村落结构特征及其形成的文化地理背景》,载《西南民族大学学报》(人文社会科学版),2011年第4期。

输出地。农民的流动主要体现在农民的流出上。以笔者曾调查过的重庆市的一个民族村为例，该村户口统计中的人口数约为1400，实际常年居家的仅有不到400人。十个村民组（自然寨子）中，有三个海拔较高的已经搬空。乡村空心化已不再是危言耸听。生存永远是第一位的，逃离不适宜生存的地方也是人必然的选择。在城乡之间基本公共服务差距很大的前提之下，城市对农民的吸引是巨大的。谁都想出行方便，谁都想让自己的孩子接受更好的教育，谁都想患了病能够得到快速而有效的救治。医疗、教育、基础设施，方方面面，林林总总，考虑到这些，如果有了条件，农民不进城的可能性很小。国家城镇化的政策引导也加速了这一过程。曾经严苛的城乡二元体制结构已经彻底松动，农民可以去到全中国的任何一个城市去打工，甚至也可以去国外打工。很多城市，尤其中西部的中小城市，也不再设置农民落户的门槛。而频繁的迁徙和流动势必会带来农民的分化。农民越来越成为一个由不同类型行为主体构成并相互产生作用的"组合体"。高帆按照要素配置方式的不同将农民分为了五种：传统农民、离乡农民、离土农民、内源式新型农民、外源式新型农民。[1] 毫无疑问，西南民族地区农民的分化也已成为一个普遍的事实。只不过，这种分化更多地体现在守土与离土的分别之上。

（三）基于对比分析的路径选择

解读了乡村振兴战略的总体要求，又呈现了西南民族地区乡村振兴实施过程中所面临的基本事实，将要求与现实进行对比，以要求和现实为基本端点，努力向对方延伸，这种延伸便是可能的路径选择。

1. 城乡融合的必然性

在当前以及今后的很长时间，如果既有的人口管理政策不发生大的变动的话，西南民族地区人口外流的状况将会持续下去，且人口外流的程度可能比中东部乡村人口外流的程度更甚。当然，人口流出的同时也会有人口的流入，比如政府工作人员挂职、农业技术人员指导农业生产、农业规

---

[1] 高帆：《中国乡村振兴战略视域下的农民分化及其引申含义》，载《复旦学报》（社会科学版），2018年第5期。

模经营者和水产养殖者的逆向就业等，但这两者是不成比例的，流出者要远远大于流入者。而外出务工者主要是青壮年劳力。"空心化"首先意味着人走了。人走了，乡村要怎样振兴？人走了，乡村为什么还要振兴？但是反过来，也可以追问，当前中国所处的发展阶段，西部民族地区的农民有无可能绝大部分全都被吸纳到城市中去？答案是否定的。人口的外流是必然，人口的部分外流也是必然。文至此处，接下来的追问也顺理成章，乡村振兴，是指历史发展中的乡村振兴抑或某一横切面上的乡村振兴？换句话说，乡村常住人口一直在减少，村庄的数量也一直在减少，乡村振兴是什么规模的乡村振兴？乡村人口的流动导致了农民的分化，同时也导致了传统村庄的分化。西南民族地区占最大比例的村庄人口的经济来源都要靠外出务工，这里的外出务工，非就近而是远离故土，指到东部沿海经济发达地区。显然，乡村振兴有一个规模的问题。这个规模的问题不是指乡村振兴战略实施过程中的选择性，也不是说有的村庄振兴有的村庄不振兴。乡村振兴的规模问题是指，振兴是不是以城乡融合为前提？是不是以村庄整体数量的继续缩减为前提？也就是说，乡村振兴并不是振兴此时此刻存在的所有村庄，振兴的是具备基本条件、人口流出没那么显著的村庄。而这种乡村振兴的实现恰恰有赖于"人走了"，有赖于村庄数量的自然或人为消减。如果"人不走"，可以说，乡村无法振兴，尤其对于西南民族地区绝大多数生存条件恶劣、资源禀赋欠缺的村庄而言。因此，乡村振兴的实现必须伴随着城乡的融合。黄宗智在论及中国20世纪80年代的改革时已经非常明确地指出，长江三角洲地区农村变化的关键点不是市场化农业生产，而是随着农村经济多样化而带来的农业生产的反过密化。[1]过密化可以带来总量的增长，却无法带来发展。农业人口的非农就业才是发展的正确道路。乡村若想振兴，必须引导更多农民实现非农就业，必须加大改革开放力度，使各个规模的城市更加充满生机，为农民工创造更多就业机会。也就是说，乡村振兴离不开城市的更加繁荣。"很多人走了"是事实，乡村振兴依据这个事实来展开。只有这样，鼓励农民进城与鼓励农民回乡才会成为并行不悖的政策措施。明确了这个乡村振兴实施过程中

---

[1] 黄宗智：《长江三角洲小农家庭与乡村发展》，北京：中华书局，2000年第16页。

的事实和基础，接下来面临的便是乡村振兴不同村庄的分类问题、步骤问题，以及规模调试问题。

2. 产业发展及其规模

乡村振兴总要求里，产业兴旺是想留住农民，留住乡村的人气。有了能产生良好效益的产业，农民便可就近打工，在家乡实现生活的富裕。西南民族地区耕地较少，且分散，不易耕种，不易机械化。随着人口的流出，不少的田土都已抛荒。作为产业，传统农业种植不仅难以兴旺，甚至无以为继。家庭联产承包责任制实行以后，大部分村庄的大部分土地承包给了农户，"三权"分置制度的实施为农户承包土地的流转提供了便利。但是，即使解决了土地规模化经营的问题，土地经营的效益依旧是比较低的。经济作物的种植则存在较大风险。西南地区，滇、黔两省，茶叶的种植量很大。有的地区是将茶叶种植作为主要的产业发展的。质量兴农战略是必须实施的，培育农产品品牌、树立品牌效应也势在必行，"一村一品"的说法有合理性，但在打造的过程中，有可能这个村的"品"与那个村的"品"其实是一个"品"。或者说，每个村的农业生产真有其那么大的独特性吗？以笔者在贵州的调查为例，很多村庄流转了土地都在种茶，这里面有没有风险？会不会造成茶叶生产销售上的竞争？乡村工业化对西部民族地区的绝大多数村庄来说，都是不可行的。那要三产融合，可能最好的办法是发展乡村旅游或者观光农业，主要是依托丰富的民族文化资源来开展乡村旅游。这是个可行的路径，旅游业与其它行业最大的不同点在于商品与消费者流向上的差异，即其他有形商品，都是商品流向消费者，而旅游业，则是消费者前往生产地消费。只要基本设施的建设能够跟上，尤其交通条件能够改善，西南民族地区的乡村旅游业发展是有比较大的前景的。民族文化资源在某种程度上说也是稀缺资源。既是稀缺资源，便有商品价值。民族文化资源的丰富"得益"于地理环境的闭塞，"得益"于那些高山峡谷的阻隔。不过，从发展旅游业的角度来说，高山峡谷都是风景，不一样的山不一样的水更是风景。有山有水的地方，一般空气清新。依托旖旎的自然风光以及独特的民族文化，西南民族地区的乡村旅游业大有文章可做。只是，发展乡村旅游业，是不是也存在一个规模或比例的问题？西南民族地区，大多有山有水，但身处其中的绝大多数村庄的山和水并没有特色，民族显性文化的独特性也没那么大。这个村的苗族和那个村的苗族，其实就旅游资源来讲，没有多大区别。甚至那些显性的文化标识在人口流动的过程中、现代化全球化的荫蔽之下早已淡漠。也就是说，并不是所有的民族村庄都适合发展乡村旅游业。旅游业的先期投入是比较大的，打造之前的可行性分析是非常必要的。贺雪峰认为，靠乡村旅游和休闲农业发展出新业态的农村占全国农村的比例不会超过5%。[1] 这应该是一种冷静的基于农情的判断。

乡村旅游业的打造不能一窝蜂，适不适合、可不可行，尤其地方政府主推的乡村旅游建设项目，一定把好关、尽好责、做好评估。打造乡村旅游业，政府、资本、文化三者的有效互动与协商非常关键。还是以笔者曾调查过的瑶麓社区为例。瑶麓所在的荔波是贵州有名的旅游目的地。近些年，依托5A级的樟江景区，荔波启动一乡一3A景区建设，推进"七星抱玉"计划，瑶麓的古风园被规划并打造，现已经成功验收为3A级景区。但在调查的过程中了解到，当地瑶族百姓还是有一些担心。因为古风园的瑶族特色并不鲜明，3A级景区目前也未能给当地百姓带来任何经济效益。瑶麓地区是有民族特色的，当地政府的全域旅游计划制定时也有根有据，具备可行性，只是民族特色旅游的打造，先期投入巨大，政府的推进是否能持续，政府、资本、文化的互动是否能效益化，还有待观察。相比而言，笔者调查的另一田野点，渝东南的民族村，以"苗"为符号的文化资源已经碎片化，作为重庆市唯一还在说苗语的村落，近些年也在以民族符号为标识打造乡村旅游，然而，效果并不理想。其中的原因，便是政府、资本、文化三者的占比及其互动的相对失效造成的。

3. 村庄分类以及应对

西部民族地区的乡村分化程度低，家庭收入差距主要体现在家庭成员外出打工人数、工资待遇上，可能也有极少数率先富裕起来的人，但这些农民积累的财富来自村庄外部、来自城市。一旦条件具备，这些人也很快

---

[1] 贺雪峰：《关于实施乡村振兴战略的几个问题》，载《南京农业大学学报》（社会科学版），2018年第3期。

会融入城市，与出生的乡村不再产生瓜葛。当然，分化程度低不意味着没有分化，实施乡村振兴战略的过程中，要对乡村进行更细致的区分，以求因地制宜、对症下药。邓磊认为，西部民族地区的乡村将逐步分化为四类：服务城镇化乡村、产业发达乡村、隐形衰弱乡村和显性衰弱乡村。[1]据此分类，他进一步提出了不同乡村实施乡村振兴战略的不同应对策略。因为缺乏对不同类型村庄比例和规模的讨论，这种分类的解释力有限。其对所谓显性和隐性衰弱乡村的区分并无实际意义。笔者的分类更为简单，西部民族地区乡村大体分两类即可：可持续型乡村和非可持续型（或保底型）乡村。可持续型乡村，无论是因为靠近城镇、被城镇化波及渐渐融入城镇，还是通过发展产业实现了人口就地的再生产，总之，是可持续的。这种持续性最重要的衡量指标便是能否留得住人，常住人口是否在不断减少。留得住人的，可纳入可持续型乡村的范畴，留不住人的，可归入非可持续型乡村。从这个角度说，邓磊的分类中，无论是隐性还是显性，衰弱乡村都是留不住人的。明确了这种简单的分类，那么，西部民族地区的乡村若想振兴，要做的事就可化约为：1. 追加可持续型；2. 将一部分非可持续型转化为可持续型；3. 将绝大多数无法转化为可持续型的乡村兜住底，等待其自然消亡。

追加可持续型，也就是说锦上添花。这些乡村一般靠城市比较近或已经有了规模性产业，农民就近打工，村庄人口外流不明显。这样的乡村，政府要做的是保护好它的优势。这类村庄很少，在西南民族地区，不会超过5%。

将一部分非可持续型转化为可持续型。这些乡村一般具有潜在的发展能力，比如有好的文化旅游资源或依托原材料生产优势而建厂的可能性较大。这样的乡村，政府要做的事是挖掘并释放其潜能，将政府、资本、文化等各要素配套协同起来，创造性转化既有资源，完成由非可持续到可持续的转变。这类村庄也不可能多，在西南民族地区，不会超过5%。

无法转化为可持续型的非可持续型。这些乡村指的是那些分化程度

---

[1] 邓磊：《西部民族地区乡村变迁与乡村振兴》，载《华中师范大学学报》（人文社会科学版），2018年第6期。

低、无资源和产业优势、居住环境交通条件等都比较恶劣的村庄。这类村庄最多，在西南地区，至少占到90%以上。对待这些占绝大多数的村庄，政府不能急于求成，要做的事是兜住底，雪中送炭。[1] 可以将一些不适宜人类居住的村庄里的农民进行易地搬迁安置，不具备条件的，可逐渐令其自然消亡。这样说，并不意味着不管不顾，相反，政府要提供这些弱势村庄弱势农民的基本生产生活保障，还要加大这种基本保障的覆盖程度、覆盖面向。

4. 地方人才的作用

当前的乡村，是日渐分化的。乡村里的农民，也是日渐分化的。西南民族地区的乡村要振兴，可持续型乡村需要保持可持续性，这是政府、资本、文化等各种要素不断高效配置组合的过程。这一过程，离不开地方人才的参与。非可持续型乡村要兜住底，国家的各种保障性资源想要落实到每一户的每一个人，需要地方人才的参与。国家是没办法直接面对千千万万的小农的。非可持续型乡村想要转化为可持续型乡村，更要依托乡村的内生动力，更需要将小农组织与动员起来，这也意味着，地方人才的角色变得重要。

不同类型的村庄，对治理的要求是不同的，衡量有效的方式也是不同的。但不管哪一类村庄什么样的治理要求，都需要人去落实。地方人才的中介作用应被重视，尤其在乡村分化农民分化的大背景之下，乡村振兴的实现离不开农村社会的再组织，西南民族地区的乡村振兴离不开少数民族群众的参与。具有民族身份的地方人才的示范和动员作用，不仅体现在政治层面、产业发展层面，还体现在社会、文化等层面。对那些占绝大多数的没办法转化为可持续型的非可持续型村庄而言，村庄的主动或被动"凋敝"、消失几乎是一个宿命，但村庄的消失并不意味着移居他处的村民们所守持的文化的消失。保护传统的民族文化，移植、创造性继承传统民族文化，也离不开基层具有民族身份的地方人才的引导和政府的领导作用。当前的西部乡村，地方人才的流出是显而易见的事实，针对乡村的任何工

---

[1] 贺雪峰：《关于实施乡村振兴战略的几个问题》，载《南京农业大学学报》（社会科学版），2018年第3期。

作部署，都需要党和人民群众信赖的基层具有民族身份的地方人才去践行。一方面要创造机制吸引外出的具有民族身份的地方人才回到家乡做贡献，另一方面也要意识到，回来的人不可能是多数，城乡融合是大趋势，人才流出也是百年甚至千百年来乡村的宿命，因此还要在愿意留在乡村的中坚农民里发现、培育人才。农民越是分化、乡村越是分化，地方人才的重要性便越大。历史已经远去，但历史经验却不一定完全失效。[1] 或许，百年前的那种士绅统治模式对当前的乡村治理、乡村振兴战略的实施还有一些借鉴意义，也未可知。

（四）总结

党的十九大报告概括了实施乡村振兴的总体要求，将"二十字"的总要求与西南民族地区的现实进行双向性的参照性的连续性的比对式分析，能够发现，从现实到要求，还存在诸多的障碍和困难。西南民族地区的乡村振兴任务更艰巨、负担更重。西部民族地区乡村可分两类：可持续型和非可持续型（或保底型）。乡村振兴是要维护可持续型村庄的可持续性，是要将一小部分非可持续型村庄转化为可持续型村庄，同时还要保证占绝大多数的无法转化的非可持续型村庄里的农民们的基本生产生活保障。对于非可持续型乡村，人口的外流是一种必然。从这个层面上讲，西南民族地区乡村的振兴有赖于"凋敝"，少的"热闹"有赖于多的"荒凉"。其实无论哪一类乡村，西南民族地区的乡村振兴战略必须与城乡融合战略配套实施，且要依赖和发挥具有民族身份的地方人才的作用。

---

[1] 李里峰：《乡村精英的百年嬗蜕》，载《武汉大学学报》（人文科学版），2017年第1期。

第二章 地方人才的历史嬗变与村庄治理变迁

研究转型中的村庄治理及社会变迁，地方人才或权威实践的角度是一个很好的切入点。相比一般人，地方人才具有更多的权威属性。《布莱克维尔政治思想百科全书》一书对权威做了如下定义：权威是一个表示四个要素间关系的概念，这四大要素是创造者、表述出的意见、听众和反应。从这一关系出发，可得出权威概念的一个基本结构，即听众对判断的放弃。[1] 这一定义及推理较为复杂，当今社会科学中更为流行的是较为灵活的马克斯·韦伯和科尔曼的注释方法。韦伯认为，权威乃某种正当性支配，这种正当性的授权来源存在差异。根据授权来源的不同，权威可以分为三种类型：合法权威（或法理型权威，bureaucracy）、传统权威（tradition）、超凡魅力型权威（或卡理斯玛型，charisma）。[2] 科尔曼认为，权威是某种权利，支配他人行动的权利，权利有共识性和契约性特征。权力则是种能力，能够支配他人的能力，权力与权利可能相关，也可能无关。[3] 将韦伯和科尔曼的观点进行综合，权威的构成主要包括两个因素，即权力和合法性。权力从字面上讲指的是某个行为者或机构对其他行为者

---

[1] 邓正来主编：《布莱克维尔政治思想百科全书》，北京：中国政法大学出版社，2011年，第32—35页。

[2] （德）马克斯·韦伯著：《经济与社会》（第一卷），阎克文译，上海：上海人民出版社，2010年，第322页。

[3] （美）J. 科尔曼著：《社会理论的基础》，邓方译，北京：社会科学文献出版社，1999年，第545页。

或机构产生的影响力和支配力。费孝通在论述乡土中国的无为而治时，曾将权力分为三种类型，即基于社会冲突的横暴权力、基于社会合作的同意权力以及传统中国特有的教化权力。[1] 受福柯、格尔茨等人的启发，杜赞奇对权力做了重新界定，并强调了权力的关系属性。[2] 权威的另一要素——合法性——既可指合乎国家的法律、制度，亦可以指对风俗、惯例等的遵循。它的诠释者既可以是政府，亦可以是民众，但合法性的成立还应得到各个诠释主体底线程度以上的承认，哪怕这承认是不假思索的。换句话说，合法性中的法应是先在的、具有公共属性并适用于大多数人的。权威概念的所有内蕴并非权力和合法性两个因素所能涵盖，但从韦伯和科尔曼的观点中引申出的对权威要素的这一简单分类却可以作为考察村治变迁、乡村基层政治实践的一个视角和一种操作手段。另外，追溯权威一词的历史，可上溯至古罗马时期的"创造人"（auctor）和"威信"（auctoritas）两词[3]，后来权威一词虽经历复杂演变，但这两个原初词语的意思还一直保留着。换句话说，具有威信的既可以是被创造的东西亦可以是创造者本身。就权威的类型的区分而言，王铭铭对韦伯进行了批评，他认为，太重视政治权力从而忽略了权威的各种象征性是韦伯权威观的局限所在。事实上，"authority"不仅某一规则或某个人可以具有，"神灵"及其象征体系也完全可以具有。[4] 相较于王铭铭的批判，吴毅对权威的分类更加无所不包。他在对川东双村的研究中，将权威定位为某种控制或影响的授权，并根据这一宽泛的理解指出，在村庄的场域中，权威可指代多重面相的影响，诸如国家对村庄或者作为一种影响力时外来各种观念对人的可能影响。[5] 本书将具有"authority"特质的知识、话语、制度等统称为

---

[1] 费孝通：《乡土中国》，上海：上海人民出版社，2007年，第56—64页。
[2] （美）杜赞奇著：《文化、权力与国家——1900—1942年的华北农村》，王福明译，南京：江苏人民出版社，2010年，前言第4—5页。
[3] 邓正来主编：《布莱克维尔政治思想百科全书》，北京：中国政法大学出版社，2011年，第33页。
[4] 王铭铭：《村落视野中的文化与权力——闽台三村五论》，北京：生活·读书·新知三联书店，1997年，第200页。
[5] 吴毅：《村治变迁中的权威与秩序——20世纪川东双村的表达》，华中师范大学博士论文，2002年，第12页。

权威资源，将拥有某一种或多种权威资源的人统称为权威主体，即地方人才。如果从权威获得的角度理解，地方人才便是具有某种"合法"性权力的人。这个定义，将地方人才的概念框定在合理的范畴，排除了横暴的力量所带来的权力。也就是说，土匪不能算作乡村人才，寻衅滋事的乡村混混也不能算作地方人才。当前民族地区乡村振兴实施过程中所要依赖的地方人才必须是秩序内部遵纪守法的人。

村庄各权威主体（人才）的互动决定了村庄治理的实态。所谓村庄治理，主要指运用权威来构建和维持秩序，以期实现社会发展之目标。村落社区的人才实践过程可以看作村治历程的具象表达。正如吴毅的观点，20世纪中国村治的变迁过程，是外来的具有权威属性的现代化因素对村庄既有秩序的改造和重构过程。[1] 因此，从地方人才嬗变的视角考察村治变迁可以从整体上更好地把握村庄治理的实质与肌理。

本章将以课题组到黔渝湘交界地带的D村及附近村庄所搜集的第一手田野资料作为讨论的现实支撑。D村是个苗族、汉族、土家族等民族杂居的村庄，总人口不到600人。其中苗族占60%。苗族的主要姓氏为石、龙。D村辖4个村民组：小坳、大坳、斋公坳、腊螃沟。附近的Z村也是个杂居村庄，但以苗族为主，占到全村总人口的90%。附近的Q村则是与D村相临的汉族村庄。

一、传统乡土社会人才的权威来源

封建社会时期，士绅是国家与村庄之间沟通的桥梁。[2] 既然国家对村庄的统治是间接的，那么村庄共同体便处在一种国家权力默许下的自为状态中。因此，村庄权威内生的合法性也可以说是得到了国家权力的承认。在这种外部环境下，村庄生活实践中具有权威品质的资源大体可分为德望、知识、财富、公共身份等。换句话说，村庄中被称为人才的人相较其他成员拥有更多的这类资源。可以是一种，也可以是多种的叠加。接下

---

[1] 吴毅：《村治变迁中的权威与秩序——20世纪川东双村的表达》，华中师范大学博士论文，2002年，第12—13页。

[2] 黄宗智：《华北的小农经济与社会变迁》，北京：中华书局，2000年，第229页。

来课题组首先简述这些地方人才的授权来源及其在 D 村场域中的表现状态,然后根据田野调查和文献资料对此一时期权威主体们的运行作列举分析。

（一）地方人才的权威来源及其表现

1. 德望

传统中国社会靠着一套伦常道德规则来运行、维持。国学大师钱穆有过精妙的诠释。[1] 费孝通也认为,传统乡土社会是一个熟人社会,其基本结构可概括为差序格局。差序格局的社会也是一个人伦的社会。在这样的社会中,并没有一个超乎私人关系的道德观念,它是由无数私人关系搭成的网络。[2] 梁漱溟也强调,相比西洋人,中国人更注重人与人之间的关系。若能用个人本位或社会本位等词汇来概说西方近代社会的话,那么,则可以用伦理本位来概括中国传统社会。[3] 差序格局和伦理本位的社会结构产生传统的价值观和道德观,反过来,传统的价值和道德观念又使差序格局、伦理本位的社会结构得以延绵。一般地,所谓某人德望很高,除了具体的年龄、身份等原因外,此人对传统人伦秩序的服膺和恪守更是必不可少的条件。

2. 知识

能够作为人才授权来源的知识可被分为两类。一类是功名知识,即科举考试中要求掌握的知识。但中华人民共和国成立前身处武陵山腹地的 D 村、Z 村、Q 村几乎跟这类知识毫无瓜葛。另一类便是地方传统文化知识,包括农耕知识、传统习惯、祭祀礼仪等。这一类地方知识对村庄的正常运行而言异常重要。另外,D 村为民族杂居村落,虽然当时族群间的分界明显,但村庄日常生活中的族群互动也是免不了的。当时村庄里没有土家人一说,只有苗人和汉人的区分。苗人讲苗语,汉人说汉话,所以,适当掌握对方的语言是必须的。尤其对苗人而言,跟外界的任何联系都离不开对

---

[1] 钱穆:《晚学盲言》,桂林:广西师范大学出版社,2004 年,第 205 页。
[2] 费孝通:《乡土中国》,上海:上海人民出版社,2007 年,第 23—35 页。
[3] 梁漱溟:《梁漱溟全集》(第三卷),济南:山东人民出版社,2006 年,第 80 页。

汉话的适当使用。

3. 财富

财富在传统时期D村的语境中意味着对土地的占有。经济上的富有并不必然带来权威地位，但中上等水平的经济收入经常是村庄权威的基础要素。土地是村庄财富的主要来源，占有土地，也就意味着最可能拥有了财富。拥有了财富，也就同时拥有了济贫的能力，并进一步拥有了分配村庄资源的影响力。只是，传统时期的D村，对土地占有上的差距没有太大，人们之间的贫富之别也并不那么显见。通过访谈村中老人，我们得知，人均田土不足半亩是当时的事实。中华人民共和国成立以前，在D村，财富几无积累的可能，人们普遍在生存线上挣扎。又因地处三省交界之地，山中多土匪，治安条件不好，加之当时政府巧立名目，收取各种苛捐杂税，老百姓的日子非常难过。中华人民共和国成立以后，土改中划定成分之时，D村没有地主。按照划定标准，也没有富农。后来说不能没有富农，便重新划定了标准，才找出了一户并不富裕的富农。

4. 公共身份

在传统时期的村庄中，公共身份本身便代表着村民对一部分权利的让渡。这种让渡也就彰显了公共身份的权威属性。公共身份与村庄公共利益密切相关。具有公共身份的权威主体往往会尽力维护村民们的公共资源，并承担起解决纠纷、组织村民对抗盗贼、抗议不合理的租税等责任。在人均占有土地很少、生存压力巨大的环境中，权威主体的公共身份大多数情况下都会在日常生活中自然产生。只要一位族人辈分较高又掌握较其他人稍多的地方性知识，即使他无心处理公共事务，也会在人情、面子等乡村机制的运作中不自觉地参与到公共事务中来。如果他恰巧又能够在处理事务时显现出管理的能力，且又能一碗水端平，令族人们信服，他的威望也就随之产生，公共身份的合法性也就得以巩固。

（二）人才实践与村庄治理

以上对于权威资源的分类是为方便起见的。事实上，真正的村庄人才往往不仅具有一种权威资源。各种权威资源在每个人身上非均质的分布状态使村庄形成了一种由几个不同的族长、乡贤、头人来领导的治理模式。中华人民共和国成立前的 D 村由五个自然村组成，每个自然村的每个宗族都有一个头人，也就是族长。自然村的公共事情由这些族长商量后解决。例如，苗人聚居的大坳主要有石姓、龙姓、吴姓等宗族，遇事便主要由这三大姓的族长说了算。理论上，族长们的地位是平等的，不存在凌驾于三姓之上的总族长，但事实上，权力分布不可能完全均衡，权威分享也不可能均而有之。自然村与自然村的联系并不是很多，尤其以苗人为主的自然村与以汉人为主的自然村之间联系更少。但以苗人为主的大坳和小坳之间虽然隔着汉人自然村，但往来频繁。两村的头人、族长也经常聚在一起商议族群内部事宜，经常共同组织诸如祭祀、节庆等活动。族长、头人们行使着自我治理的权力，他们的权力有时候很大，当族内成员犯了大忌时甚至可以将其严惩。

根据性质的不同可将族长、头人们所应处理的事务分为三类：族群内部事务、族群之间事务以及族群与国家的互动事宜，其中，族群内部事务又可细分为宗族（家支）内事务和宗族间事务。

宗族内事务主要包括管理宗族族产、祭祀本家支祖先、调节族内纠纷、互助换工等。由于族长一般属于内生性权力文化体系的产物，日常生活中的为人处世是赋予他威信的主要方式，因此，作为保护型经纪的族长没有理由不向族内人负责。族长可以被看作地方文化网络中宗族自治组织民选出的领导者，体现的是整个宗族、家支的意愿。大坳组一位 70 多岁的苗族老人（SBG）说：

> 我的父亲曾经是我们这个姓的头人，头人其实就是管事的，小到家长里短大到宗族械斗，族内人都来找他商量。他说话别人也听，大家都是一个祖先繁衍下来的，都在一个地方生活，跟族里人的关系也基本上就是最主要的社会关系，不听就混不下去了。中华人民共和国成立前，我们这里比较乱，因为地处四川、贵州和湖南交界，政府缺乏管理，土匪比较多。就是村口去松桃的那条道，虽然以前不是公路，也很窄，但它却很重要，连通着贵州和四川（重庆），也因为这个，那些途经的山口上总是有劫路的。我们族里一个男丁，父母死得

早，也没留下田土，长大了又好吃懒做，最后没得办法就去入伙了。入伙已经给族里丢了脸，他还带了人趁夜里来偷盗。虽然偷的是附近村子的，但我父亲还是带着族人去跟他械斗了。后来那个人被捉住了，族里开会要活埋了他。但他入的那个伙的头儿来求情，承诺以后他们那一伙十几个人只去四川那边偷抢，我父亲才最后拍板将那个后生暴打了一顿后逐出村寨。

族群内部各宗族间事务主要体现在维持自然村的正常运行上，比如跨越姓氏的合作组织的成立。中华人民共和国成立前，国家政权对民族地区的深入是有限的。民族地区乡村普遍处于某种自治的状态。田野点 D 村处于三省交界之地，既是地理上的边缘区，也是行政上的边缘区，乡村秩序的维持最主要依靠的是"权力的文化网络"。这种自治的形式往往是简单的。宗族内部的事，族人们自己解决。宗族间的事、自然村的事，则由各宗族的头人聚集商定。在自然村的场域之中，族群只不过是扩大的家族。比如 D 村的石、龙、吴等姓属于苗族。头人们聚在一起商量事情，带有原始民主的意味。这些头人的权威主要建立在品性、阅历的基础之上。因此，这种具有原始民主特征的聚众决议绝大多数时候是有效力的，它遵循了某种地方性知识中的"理"。比如，据老人回忆，村里修路时挖出过一块碑，碑上一些文字已经模糊，但还能依稀辨认碑文的内容。碑上刻的大约类似于后来的乡规民约：不得通匪，不能容面生之人，不得偷盗，不得乱砍滥伐等。对违规者的惩罚，轻者罚款，重者孤立、驱逐。

制定乡约民规涉及族群之间的互动。乡约民规的执行有利于族群之间的和睦相处。田野点所在区域，苗族、汉族整体上是杂居的，但细部是聚居的，通常以自然寨子为单位。中华人民共和国成立之前，当地的苗族和汉族通婚较少。苗族一般实行族内婚，加之语言的障碍，苗族、汉族自然以族群边界做了区分。族群与世系有关，族群之间的差别是血缘的差别，虽然不同的村落往往隔着山隔着水，但苗族、汉族毕竟共同生活在同一片大的山水之中，除了血缘差别还有地缘上的无差别，地缘的亲近势必带来接触和沟通，哪怕这些接触和沟通是被动的。既然大家还都相安无事地生活在相近的山川之间，那么，大到你死我活的争斗也就不会发生。一旦纠纷、矛盾要往不可控的方向发展，涉事双方的族长、头人就会在第三方力量的介入下坐下来协商纠纷处理方案。

二、改革初期过渡中的村庄人才实践

20世纪80年代初，松桃自治县政府着手在辖内广大乡村地区推行家庭联产承包制改革。随着包产到户这一历史性举措的实施，家户经济在制度层面上重新被肯定，国家的超经济权力也随之退出了乡村的生产领域，与此相伴，农民的自由度加大，村庄原本的一些地方性知识和小传统很快得以恢复。如果说，刚刚过去的社会主义改造时期，村庄人才具有过度权力化特点的话，那么国家权力回缩导致的最显著的客观事实便是村庄人才的多元化。

（一）人才权威来源及其表现

1. 村两委（合法公共身份）

村内的中国共产党支部委员会和村民自治委员会合称村两委。村党支部理论上对社区事务不具有社会管制权，但事实上，村党支部书记处于村庄领导核心地位，是村庄的"第一把手"。村委会是法定的村民自治组织，村主任由村民投票选举而来，但须接受村党支部书记的领导，是村庄的第二把手。村党支部的权力由执政党赋予，村委会的权力来自村民的认可，村两委的合法性又是代表国家的地方政府和村民共同予以承认的。毫无疑问，20世纪80年代开始实施的村民自治制度极大地转变了基层乡村政权的权力分布，即由党支部的一元化权力领导模式转变为党支部和村委会并存的二元权力领导模式。[1] 村委会作为村民自觉成立的自我管理、自我教育、自我服务、自我监督的群众性自治组织，其合法性自是不必多言。自治制度的实行使得这一时期村党支部的权力相应地受到了一定程度地削弱，但由于历史惯性等原因，村党支部作为合法权威的地位也并未被撼

---

[1] 王妍蕾：《村庄权威与秩序——多元权威的乡村治理》，载《山东社会科学》，2013年第11期。

动。虽然在具体运行层面上，村党支部和村委会的二元共治模式会出现不少摩擦，但村两委的威信却是不容否认的。从村民的口述及当时村政人员的构成上即可见端倪。20世纪80年代曾任村主任的斋公坳组刘某说道：

> 我干了两届，村里和乡上主要觉得我明是非，有些知识，我读到初中。那时候，村两委的人员组成很注重民族搭配。主要是汉人和苗人的搭配。村里支书如果是苗人，那主任就是汉人或土家人，我们这里的土家人跟汉人区别不大。像我干的那几年，支书就是吴某。如果支书是汉人或土家人，主任就是苗人的。那时候选官相对比较公平，当官的也愿意做一些事。

2. 知识

20世纪80年代至90年代中期，知识的获取重新被人们所重视。知识本身又重新具有了权威特质。这里所指的知识可细分为两类：正统学校知识和地方传统知识。一部分农村学子通过刻苦读书考上了大学，并依靠这种跳"农"门的方式改变了自己的命运。据课题组统计，通过这种方式吃上国家粮的人，20世纪最后20年D村至少有十几个。上过初中、高中，没有考上大学或没有机会考大学的人，有的也被吸纳进乡办工厂或村两委。上文的刘某就是一例。随着革命氛围的日渐淡去，隐伏于意识形态下的村庄地方性传统得以不同程度地恢复。尤其祖先崇拜观念下的丧葬仪式传统以最快的速度恢复至中华人民共和国成立前的历史基点上。20世纪80年代，D村最多时有20多个先生，其中迁过改的有6个。迁改是一场徒弟从师傅那里获取法力的仪式，只有迁过改的先生才可以做丧葬、还愿等仪式中的掌坛师（法事的主持者）。但这时D村的所有先生，无论是否迁过改，都是非专职的。他们平时务农，有人请时，就去做法事。有的先生只能做武教，有的文武教都可以做。先生的法力有的是祖传的，有的通过拜师学来。腊蟒沟组的伍先生读了高中但没有考上大学，20世纪80年代初开始跟着贵州松桃的一位法力高强的师傅学习，由于头脑聪明，又擅于钻研和总结，出师后很快成了附近较知名的先生。先生们掌握的是一套复杂的传统知识体系，伍先生就曾向笔者展示过他手抄的厚厚的几摞经书。这些经文，他都烂熟于心。在当地，苗族先生和汉族、土家族先生并没有太多的区别，谁法事做得好，仪式主持得热闹，请的人就会多。

3. 财富

财富本身可以彰显能力。尤其在改革开放之初，村民普遍外出打工之前，村庄内的某些家庭能够致富主要依靠的是灵活的头脑和吃苦耐劳的精神。这些富裕后面隐藏着的品质是为村人所称道的。尽管富裕者并不一定参与公共事务，也不一定会带领大家共同致富，但他们致富的方式和过程使他们获得村人广泛的关注，并潜在地成为受村人尊敬的一类人才或权威。

4. 德望

德望事实上是一种与传统地方知识伴生的权威资源。1980年代，随着革命话语的消隐，蛰伏着的伦常道德话语重新苏醒。宗族行为曾在刚刚退却的社会主义改造时期受到有限制的打压，但宗族意识在策略型的行为实践中却得以较完整地保存。尊重老者、尊重家族、族群里公正又能主持公道的人也还有着广泛的市场。因此，也意味着德望的权威属性并未消失殆尽。

以上所列乃村民普遍外出打工前村庄的主要权威类型。另外，村内的个别掌握了特殊技术的能人也具有权威属性，也可算作某类人才。总体来看，20世纪80年代至90年代中期，D村村落共同体内部的权威嬗变主要体现在数量的增多和各种人才的相互依存上。量变所带来的人才多样化使村庄整体处于相对活跃的状态，村庄社会关联[1]也较强。

（二）人才实践与村庄治理

20世纪50年代，民族调查组的苗族小组曾来D村做过考察，毋庸置疑，少数民族的识别以及后续民族区域自治制度的确立都保障了少数民族的权益。1949年后，国家治理乡村的方式客观上打破了民族间的壁垒、加速了民族间的融合。这可以从D村苗人的通婚情况中得到证明。

---

[1] 贺雪峰、仝志辉：《论村庄社会关联——兼论村庄秩序的社会基础》，载《中国社会科学》，2002年，第3期。

中华人民共和国成立之前，当地的苗人采取的是族内婚制。这种族内婚主要通过两种途径完成：一是村内异性家支间相互通婚；二是与四川（重庆）秀山苗人结亲。但经过30年的社会变迁，到了20世纪80年代，族外婚已经不再是稀奇的事。下面是一份根据D村2009年人口普查资料所作的关于村内苗族族内族外通婚情况的统计（来源于小坳组的调查，共44对夫妇）：

户主出生年代	村外（自治县内）		与秀山通婚人数		村内通婚人数		族内通婚总人数	族际通婚总人数
	族内	族外	族内	族外	族内	族外		
<1960	1	2	15	0	8	1	24	3
≥1960	2	7	2	1	4	1	8	9

从表中可以看出，随着时间的推移，族外通婚的比例正在加大。这种越来越频繁的族际通婚消除了苗、汉、土家的隔阂。密切的互动与交流在村庄治理上最大的反应则是，随着时间的推移，苗人、汉人、土家人之间的矛盾、纠纷虽然还时常发生，但矛盾和纠纷已局限在了个体层面，再也没有出现因不同民族个人之间的纠纷引起的族群、民族层面的冲突。当然，退一步讲，只要村两委班子成员搭配合理，苗人、土家人、汉人都能在村庄正式权力结构中找到利益代言人，即使出现族群层面的对峙，也可通过协商、博弈等手段将其化解。

在族际交流畅通无阻的背景下，民族内部（以苗族为例）的不同姓氏与宗族间的互动行为已无特别之处，但民族意识的自觉与民族自豪感的加强还是让民族内部不同姓氏、宗族间产生着源源不断的亲近感。这种情况下，村两委中同一姓的公职人员自然也就是本宗族的代理人。如果本姓、本总宗族没有人在村两委任职，那么遇到纠纷一类事宜，村民会首先找一下本宗族较有公信力的人来帮忙处理。但这一时期，宗族权威大多采用选择性治理的方式回应同族人的求助。没有公职的宗族权威一般不介入村庄政治，个人家庭的私事也很少插手，只有涉及本宗族荣誉、面子、利益时，他们才有可能出面。另外，诸如修纂家谱、修葺坟山等活动也是他们愿意出力的。如果宗族权威力所不逮，村民则会进一步寻求村委会中虽非同一姓但却同属同一民族的公职人员的帮助。这种有条理的递进以及权威多元化带来的权威职能分类使得村民们的诉求能够得到合理地表达。

三、20世纪90年代中期以来村庄的治理实态

20世纪90年代中后期，D村村民的生计方式发生了重要变化，越来越多的青壮年外出务工。对于西部的一个民族杂居村落而言，如果说人民公社制度体现的是国家主义在场的话，那么，为了生计而远走他乡则昭示了国家主义转型后市场经济的魔力。农村人口的流动深刻影响着乡村的命运、中国的命运。虽然，地理意义上的村庄还是那个村庄，但是，人的流动给村庄带来了异质性和陌生感，村庄由原来的熟人社会变成了半熟人社会，村庄不再是原来的村庄，成为融入了许多社会陌生经验的地方。[1] 半封闭的村庄内，村庄权威整体上呈现的是一种消解趋势。村庄的原子化和碎片化必然导致了村庄的去权威化。

（一）地方人才的权威来源及其表现

1. 村两委（公共身份）

村民普遍外出打工后，尤其2003年取消农业税之后，村两委的工作量骤减，主要的工作变成了上传下达。由于村民的利益关切点转移至村外，村庄公共事务也就不太关心。甚至村委会的选举，部分人也都弃权。在此背景下，当村干部也不再有太大的吸引力。村两委的权力属性还在，但当大多数村民已经具备了自我反省、自我判断的能力后，村两委的所作所为变成一种行使权力，不一定再跟威信直接挂钩。甚至，一些村民，尤其大坳组、斋公坳组、腊螃沟组的村民对现在的村两委有一点抱怨，只不过公私观念的变化[2]使得他们做出了多一事不如少一事的理性抉择。正如小

---

[1] 谭同学：《桥村有道——转型乡村的道德、权力与社会结构》，北京：生活·读书·新知三联书店，2010年，第419页。
[2] 贺雪峰：《公私观念与中国农民的双层认同——试论中国传统社会农民的行动逻辑》，载《天津社会科学》，2006年，第1期。

坳组的吴某（62岁，苗族）所言：

> 村支部书记和主任是堂兄弟两个。别人会说闲话。镇里要搞苗寨风情旅游，选的点是我们这个村，可拨的钱怎么用的，不知道。为了搞旅游，村里不让盖混凝土砖房，一律盖传统的木房子，可他们那个姓的，就在村口盖了两层的混凝土砖房，村上也不说什么。前两年，大坳组与小坳组相通连的那座桥被水冲垮了，上面的斋公坳组和腊螃沟组的人有时候下来都会走这桥的，但村里不修桥，却翻修了村委会。说是专款专用，修村委会为的是发展旅游。

2. 知识

先说正统学校知识。虽然国家越来越重视中西部落后地区的教育事业，但不可否认的是，相比20世纪80年代，大学尤其稍好的大学中，农村学生所占的比例正大幅下降。具体到D村，近几年，考上大学的现象有几例。但学生读完初中就辍学的情况倒是时有发生。课题组曾到D村所在镇的中学调查，跟学校一位领导（学校办公室主任，40岁左右）提及九年义务教育的强制性，这位领导的一句反问使我们哑口无言。"他死活不读了，你能怎么办？"在这样的教育现状下，正统知识的权威性可以说并没有体现出来。相比于正统学校知识，村庄传统知识的维系也面临巨大的挑战，但在为数不多的某些特殊传统知识的沿袭上，倒还不至于太悲观。

这主要体现在一系列的丧葬仪式中。D村一直延续的是土葬传统，国家的殡葬改革在民族地区推行时并未收到太多成效，在遇到阻力后不得不搁置。由于根深蒂固的祖先崇拜观念以及D村所处地理环境等诸多原因，为死者举行隆重的丧葬活动、为死者寻找一处合适的墓地都是重要的事情，这一传统即使在社会主义改造时期也一直被村民自觉地贯彻承继。这也同时意味着，D村的先生还是有用武之地的。但20世纪90年代中期以后，先生的身上出现了一个显著的特点——职业化。上文提到的伍先生现在是一个职业道士。初次见面时，他递给调查者一张名片。名片正面印着姓名、手机号、微信号和居住地址，反面印着业务范围。相熟后，他还曾委托调查者将他主持法事的视频进行剪辑并传到网络上。先生的职业化使得传统的地方知识变成了一种明码标价的商品。这在一定程度上消解了先生作为一种民间权威的正当性。但先生确确实实是被需要的，也对自己的行为具有一定程度的解释权，那是否可以这么说，他们依然算作乡村社会中质变不明显的一类人才或非正式权威？20世纪90年代中后期以来，先生的职业化其实反映的是传统信仰知识权威效力的一定程度的失灵。

3. 财富

D村多半村民的背井离乡为的是获得财富。D村人普遍重视财富积累的结果，这是不言而喻的，作为分层的主要标准，财富的重要性空前提高，但财富积累的手段、过程却往往被有意无意地忽略、掩盖。这一时期财富的拥有并不必然与勤劳的品质、吃苦的精神、聪明的头脑这些正面评价相联系。财富更可能让贫穷者的眼中生出艳羡、仇恨，比较难流露出承认和尊敬。调查发现，D村村民普遍认为，那些先富起来的村民也都是通过外出打工或经商等方式富裕起来的，他们的利益关切在村外，很少愿意帮助其他村民发家致富，他们也比较少介入村庄的公共事务。有钱人大多已迁出村庄，迁往城市。有的相对富裕的会在村寨里起一幢房子，但也就是工作间歇或过年的时候回来住一下。

4. 德望

因为德望的伴生属性，它成了20世纪90年代中期以后消解最快的一类权威资源。当前的村落社会，财富的拥有量成为评价一个人是否成功、活得是否有意义的最重要的社会衡量标准。而经营德望的"愚蠢"之处就在于，它几乎很难转化成财富。青年学者谭同学对此一时期村庄的道德秩序进行考察后，精确地指出，道德已成为维系自我中心的道德。[1] 当然，传统社会，道德也是维系着私人的利益，只不过，这一时期自我中心的意思发生了微妙的变化，不再强调人伦关系，不再以血缘关系作为划分远近的标准，自我中心慢慢变成以自我利益尤其经济利益为中心。

综上所述，20世纪90年代以后，不同的村庄权威类型正处在不断消解的过程之中。因为身上的权威属性丧失，人才也不再是通常意义上的人

---

[1] 谭同学：《桥村有道——转型乡村的道德、权力与社会结构》，北京：生活·读书·新知三联书店，2010年，第423页。

才。人的流动使得基于血缘和地缘关系而建立起的共同体不再稳固。市场经济更注重契约关系和人的个体性，走出村庄的人们虽然携带着共同的乡村记忆，城市的经验与历练却很有可能使他们在观念与认知层面相互分离。社会愈加多元，个体愈加独立，村庄曾经的共同体作用也就愈加微小。正是在青壮年不断出走与回归的过程中，村庄的公共品供给不同程度地出现了问题，村庄慢慢陷入"底线治理"[1]的困境。在一个维持"底线治理"的村庄，各种类型的曾经具有权威属性的人才正在发生着变化，所不同的是，变化的速度是有差异的。相对于其他一些权威类型，某些与祖先崇拜相关的传统丧葬知识的掌握者、继承者和售卖者的民间权威或人才的地位质变速度要慢一些，但这对D村村庄秩序的良性维持而言，并不能起到很大的作用。

（二）去权威化中的人才实践与村庄治理

新世纪以来，作为较为偏远的民族杂居村落，D村渐渐获得了一些外来资源和援助，准备以苗族习俗为特色发展乡村旅游业。事实上，D村的旅游资源并不能说丰富，所在区域的自然景观也谈不上独具韵味，但是，对于一个乡风淳朴、老年女性平时还习惯穿民族服装的偏僻乡村而言，也几乎没有其他更易选择的发展之路了。打造乡村旅游业的想法最初与领导的视察不无关系，苗民们组织了几个节目，用以表达对客人们的欢迎。大家发现，这些舞蹈和歌曲是受欢迎的。随着D村附近公路的硬化、改善，推进旅游开发被提上了日程。取消农业税之后，资源在国家与乡村之间的流动方向发生了反转，城市开始反哺乡村，大量资源由上而下由外而内涌入乡村地区。正因此，领导的眼睛朝上或朝外几乎是必然的。正因此，D村的乡村旅游业才有可能在行政人才的实践下从无到有。然而，外向的权力结构也存在弊端，具体来讲，就是村民们无法对行政人才进行有效的监督，行政人才的活动一定程度上悬浮于村民们的日常生活。有哪些资源进到村庄，有哪些项目正在落地，村民们有可能无法获知内情，从而被排除在村庄发展规划之外。

---

[1] 宋丽娜：《底线村治——以荆门S村为例》，华中科技大学硕士论文，2007年。

第二章 地方人才的历史嬗变与村庄治理变迁

近些年来D村在努力发展旅游而旅游又迟迟发展不起来的泥淖里挣扎。各村民组之间出现一些矛盾。D村现有四个村民小组。小坳组地理位置最为优越，下了省道一拐就是院落。大坳组与小坳组紧挨着，斋公坳在另一片山坡上。这些年，村委会筹集到的用于发展旅游的资金主要都投在了苗人聚居的小坳组。村委会、村小学也都坐落在小坳组。各级领导若是来视察，村领导也只会领着他们在小坳组、最多大坳组转一转，斋公坳和腊螃沟组俨然不存在。汉族主要居住在腊螃沟组，因为离小坳和大坳比较远一些，村里的主要领导也并不来自腊螃沟组，村上资源的分配很难倾斜，此组居民普遍对D村的发展缺乏关心，斋公坳组和腊螃沟组的农民，外出务工者较多，永久搬离的也较多。现代化的持续推进，使得农村地区的社会结构发生了重要变化，很多村民的利益关切点也转移到了村外，对村上发生的事不再像以前那样上心。正因此，农民的自发组织能力欠缺，即使想要对村上发生的事进行监督，也可能有心无力。村里实施的项目，一部分是村干部凭自己的实践能力拉来的。很多在外找到工作、有固定经济来源的村民们也不愿意掺和。

在以上矛盾的纠缠中，D村的村庄发展、村庄治理出现了悖论，即旅游发展投入加大与旅游资源加速缩减之间的悖论。毫无疑问，在政府制定的发展规划的引导下，近些年，D村在旅游基础方面的投入是显而易见的。小坳组、大坳组、斋公坳组的主要干道已经硬化。村小学重新得以翻修。传言花费不菲的村委会木结构办公楼也已经投入使用。然而，与此同时，真正可以作为旅游消费品的实体文化却正在加速退出村民的日常生活。以民居建筑、苗族穿戴和苗语近些年的变化为例。

（1）D村传统民居是干栏式建筑，这种建筑形式是西南民族地区最常见的民居建筑，通常是木结构的，顶上铺装瓦片。D村的传统木结构房子还保留了不少。尤其大坳组的木结构民房，规模较大且保存较完好。不过，这些民房的主人大多是汉人，发展苗族文化旅游却要借他们的房子展示，这本身也构成了上文提及的村内村组与村组之间矛盾的一个诱因。传统民居呈凹形，两边是厢房，中间为堂屋或正屋。正屋里一般会摆设有家先神榜（天地国亲师牌位），这里也是主人会客的地方。自从宣布D村将要打造乡村旅游业之后，村民建新房，被要求一定建木结构的。但是，并不是所有的村民都遵照村领导的意思建房。尤其小坳组。小坳组的领导者虽然一直在大力提倡，但他们的近支和远房族人却最不以为然。相比木结构房子，两层或三层的混凝土结构的砖瓦房更时兴，也是D村所在区域附近较为流行的房屋建筑样本。附近其他村庄，年轻人要娶媳妇，砖瓦结构的房子是标配。普通苗人更愿意让自己的孩子娶上媳妇，而不准备为了村领导许诺的美好生活冒险。

（2）苗族传统服饰有其鲜明的特色，但现在的年轻人很少在穿。平常时候，主要是老年女性在穿。苗族的服装，大多没有衣领，还有一些没有裤腿，但有绑腿，这些特点都是有利于迁徙的。头部有衣领的话，没法灵活转动。奔跑时，裤腿容易被草木枝条刮破绊住。但是年轻人尤其经常外出的年轻人，穿民族服装的越来越少。民族服装有不方便的地方，不容易清洗，夏天的时候穿起来太热。但它有纪念意义，丢了很可惜。这几年提倡旅游，家家又都置办了民族服装，这些都是从别的地方买来的。不是自己家的女人做的。

（3）D村的苗族到现在也在说苗语。他们说的苗语可以归属为湘西方言，与重庆的秀山、湖南的凤凰方言等属于同一种土话。当地的苗族除了说苗语，绝大部分也已经熟练掌握了汉语。只有一些很少出门、年纪又大的老年女性，说汉话比较吃力。据调查，本民族内部，见面还是会说苗话。跟汉族人、土家族人打交道，就说汉话。苗语的使用也出现了年龄代际上的区别。这种区别也不意外。大体而言，经常出门的中年人，因为丧失了语言使用的环境，苗语的使用能力在下降，甚至有一些长期在外打工的苗族家庭，回到村里过年，也开始说汉话。但对他们来说，虽然说的机会少了，但听别人说，还是完全听得懂的。长期居住在村里的老年苗族人，听说苗话都是熟练的，这个不必多言。年轻人，尤其很早就外出求学或打工的年轻人，有一部分已经既不会说也听不懂苗话了。年龄再小一些的儿童，反而会有一些特殊。这些儿童大多数都是留守儿童，跟着爷爷奶奶生活，老年人说苗话，也顺便教会了这些留守儿童说苗话。但等到这些儿童慢慢长大，可能又会自动放弃使用苗语来与家人交流的机会。村内有一所小学，里面的一位苗族教师向课题组成员表达过对语言传承乏力的一些担忧：学校里开设了苗语课，但仔细观之，开设苗语课是为了某种过渡。进入学校之前，毕竟这些儿童在家庭生活中说苗话，学校一上来就用汉语上课，怕这些儿童接受不了。在学校学习，最主要还是为了教普通话。苗语只能说，没有文字，铜仁和松桃都制作过乡土教材，也把苗语拼出了一套符号文字。但学校里既要学汉语拼音，又要学这套苗文，到了三年级，英语字母也加进来了，学生很容易弄混。教学效果比较差。学校里，主要还是说普通话。每个班级里都贴着"学好普通话，方便你我他"的标语。苗话的使用范围太窄，自我更新比较慢，大量借用汉话里的词汇，像什么电脑啊互联网啊苹果手机啊，这些词汇，苗语里都没有，只能借助汉语。在学校里，为低年级的学生开设苗语课只能是种特色，给这些苗族的儿童打下一些母语的印记，让他们有个印象，不至于长大后完全不知道还曾说过本民族的语言。随着使用苗语的苗族老年人一个个离去，苗语的使用范围只会更加狭窄。现在，无论年长还是年幼的苗族，日常交际使用的词汇，都是能说或能听的。不过，很多人仅限于此。语言的使用在一定程度上讲已经碎片化了，可能以后还会更加碎片化。

赵旭东、辛允星在研究中国当代乡村社会主体运作时提出了"四种人结构"的说法，他们认为，当代中国乡村社会的管理主体主要包括四个人群：乡村基层干部、财富型能人、知识型能人，通过对这四类管理主体在资源禀赋和权威占有两个维度上的表现的考察可进一步划分村庄类型。

四、总结与分析：人才嬗变与治理效度评估

上文，笔者分四个时期历时性地考察了D村村庄人才的嬗变过程。中华人民共和国成立之前，川湘黔交界处的D村处于一种自为的状态中，作为宗族人才的族长、头人们管理着村庄。权威的权力和合法性都是内生的。虽然这一时期，杜赞奇所言的国家政权建设也已深入西南边陲之地，但是地方村落的权力的文化网络并未被完全打破，"乱世不乱村"可以作为对当时整体时局的较为准确的形容。此时的族群可被看作扩大的宗族或

宗族的联合体，而人们的行动单位和公私区分则往往以族群为界。集体化时期，国家权力空前深入村庄，阶级归属取代族群、民族归属成为村民最重要的身份标识。此时的村庄权威的权力和合法性主要都来自国家。村庄治理建立在村民对国家的政治认同之上。不过，这一时期国家全能性权力的覆盖也并未完全遮蔽村落社区传统。改革开放之初到20世纪90年代中期，D村村域治理中，人才多元化的特点比较明显。村民自治制度为村庄政治生活带来了活力。权威的权力和合法性来源体现着国家和地方社区的互补。各权威主体、人才的互动较为频繁，村庄的社会关联度也较强。20世纪90年代中期以后，尤其21世纪以来，村庄内原有各类主要权威都广泛地出现了异化的现象。政治运作与村庄原子化已经成为显见的事实。村庄权威一定程度上丧失了存在的合法性。而村庄良性秩序的维持依靠的是村庄各类具有权威属性的人才们的有效运作和互动，从这个意义上讲，学界关于村落是否终结、村落共同体是否已经解体的讨论并非危言耸听。用赵旭东、辛允星的话说，现阶段中国乡村政治的运行过程中，乡村社会权力处于一种离散的状态，权力的离散又导致了公共权威的虚化。公共权威的虚拟化更直接准确地说也就是村庄的去权威化。那么，村落去权威化的当下，乡村究竟该如何治理？或者，去权威化的村落，治理效度该如何评估？

历时性的人才嬗变过程也是国家权力与社区权力互动的过程。所谓权威的合法性，合法可以是依据法律法规，也可以是不成文的规定，事实上这一说法较为模糊，也比较复杂。评价的标准并没有细化，也比较难细化。只能说，合法性关乎一种审视，对权力博弈过程的审视。既然合法，那么，权力行使的过程及结果应该能够让其中的各个主体认同并获得最起码的满意感。合法性中的"法"也就是某个恰当的"度"，大多数人身处其中不觉得有什么不适。而权威的虚拟化，可能意味着对权力行使过程及结果缺乏必要的审视，对权威的合法性要素缺乏必要的思考，需要对权力博弈中的"度"适当调试或重新把握。评价一个地方的治理是否有效，需要明确治理的目标是什么、评判标准是怎样的、由哪个主体来评判等问题。治理是具有权威属性的人才运用资源维持社会秩序的动态过程，对权威的合法性问题的讨论与治理效度的评估之间存在密切的关联。

民国时期，为了从乡村社会索取更多的资源，当时的国民政府一步步加大了对乡村地区的控制程度，D村身处川黔边界，并非国家政权建设推行的中心地区，但D村同样受到了时代背景的影响，保甲制度的确立便是例证。据老人介绍，依托保甲制度的运行，当时村里的年轻人被抓丁抓夫的前前后后不下几十个，有的去了就再也没回来。除了被抓去当兵的危险以及交粮纳税的压力之外，村庄的日常生活层面，则较少受外界的影响。村落依旧处于自治的状态，所谓的保长、甲长也都由地方社会的长老、寨老、头人等充任。现在的行政村D村在当时只是几个自然寨子，如果从村寨内部普通村民的视角来看，可以说这种自治是有效的。各个自然寨子的生产生活能够正常维持，公共品的供给较少，但诸如祭寨、祭山神等活动也能延续下去。但如果从国家权力与社区权力互动的角度、政府主体的角度来考量，无疑，这种"乱世不乱村"的治理状态其实与国家权力的鞭长莫及有很大关系，国家权力与社区权力的沟通几乎是无效的。两者之间要么毫无关联，要么采取横暴的方式关联。无论汉族还是苗族，这一时期村民们的生活普遍徘徊于生存线上下，普遍比较贫苦，缺衣少吃。这样的景况谈不上村落的发展。在D村所在的地域社会中，民族可以解释为由几个姓氏组成的扩大的宗族。民族主要是种地方性的横向上的分类。无论哪个民族的民众，都生活在地方性知识的荫蔽之中。权威的合法性也好，治理的有效性也好，主要从地方性内部生成、也主要由地方性知识来评判。因为缺乏与更大世界的联系，或者与外界的联系都是被动的，治理的有效是一种停滞的有效，是不带来进步的有效。当然，这样一种说法采用的是民族学中的客位视角，置身当时语境的村民们可能并不这么认为和理解。

改革开放之初至20世纪90年代中期，家庭联产承包责任制、村民自治制度建立，农民有了相对较自由的空间。这一时期，苗汉居民绝大多数并未外出，土地收益对他们而言，还是最为重要的经济收入。因为这些居民还留在村庄中，村庄的一部分传统文化得以复苏，宗族也有了复兴的迹象。"上刀山、下火海"等已经纳入到能彰显地方特色的民俗活动的范畴，不再被视为糟粕。课题组之所以认为这一时期各权威主体又相对具有了合法性,是因为不同的主体运用权力时都为其他主体预留了空间。国家权力默认了社区的诉求,村两委也被村民们所承认。因为大部分村民的利益关切还在村庄内部,村庄公共品的供给也不至于无人操心。这一时期,大部分苗汉居民对村庄政治权力的更迭也是关心的,农民选出自己的代理人任村主任,政治参与的热情比较大。如果将和睦相处、守望相处视作治理的目标的话,无疑治理应该是有效的。田土分产到户之后,特别是开始使用农药化肥之后,粮食产量有了提升,农民的生活有了改善,但这种改善是相对的,改善的程度也是有限的。如果治理的有效包含村落的发展以及农民生活的进一步富裕的话,那么,这一时期治理的有效性也只能说是相对的。不过,正如上文所述,评价治理是否有效会因标准、评价者等的不同而异,就国家权力与社区权力的互动而言,相互的主体性的保留确实为治理带来了新的面貌。

20世纪90年代中期以后,D村越来越多的苗汉居民踏上了外出务工的道路。人口的流动带来了村庄一系列的变化。大部分人的利益关切移动到了村外,村庄的传统性知识日渐丧失实用性,传统权威的权力属性变得衰弱。因曾经聚集的农耕生活而建立起来的非正式组织诸如"邀会"等没有了存在的必要和根基。农民们外出务工,不再过多关注村庄的公共品供给,村两委的工作处于一种半悬浮的状态。农村税费改革实施以后,国家不再从农村提取资源,反而开始反哺农村,村庄与国家的关系发生重大变化。村庄内部,人口的频繁流动造成了社会结构的变迁,半熟人社会生成,人与人的关系不再遵循"差序格局",转变为"工具性圈层结构"。以核心家庭为界,核心家庭内部,人们是重视情感的,核心家庭外部,获取更多的经济利益成为人们的行动逻辑。这一时期,也出现了权威权力化的现象,如果说,集体化时代的权威权力化指的是国家权力延伸至乡村、遮蔽了乡村居民的一部分诉求的话,那么,此时期的权威权力化更多指向国家权力无法直接面对处于高度流动状态的千千万万的农民。正因为农民已经分散、分化,村两委权力的行使可能不直接关联着村民的利益,村两委的权威属性也就降低。权威虚拟化,找出权威是否"合法"的标准不再容易。同样,治理有效性的标准也不再容易制定。从上面对四个历史时期人才嬗变的梳理能够看出，无论权威合法性的"法"为何物，是社区的"法"还是国家的"法"，权威的生成涉及国家权力与社区权力的协商和博弈，不是一方对另一方的回避，也不是一方对另一方的遮蔽。治理的有效同样与协商关联甚密。但农民的分化导致农民作为一个整体的主体性已经不足，如何协商成为问题，是否重新动员农民成为问题，进而，动员到什么程度也成为问题。治理强调多主体性，强调不同主体的能动性，此一时期村庄治理能否有效，跟村两委的实践机制有关，更跟农民的主体性发挥有关。

当苗族的文化传统日渐退出苗民们的日常生活之时，D村的主要村领导在宏观环境的影响之下准备发展以苗族文化为特色的乡村旅游业。对于村内的苗民来说，旅游业的先期投入比较大，他们并不能在短期内获得村领导许诺的经济利益，因此普遍采取观望的态度。对于村内的汉族来说，以"苗"文化符号作为吸引游客的标识物，与他们的现实及历史关联较小，可能不会参与其中。因为资源的流动方向已经转化为由外而内、由上到下，打造乡村旅游业的村庄发展道路可能是村领导基于当地文化资源禀赋与特色所做出的选择，但更可能是窥察到增量逻辑下基层政府行动逻辑的奥秘之后的顺势而为。旅游发展的项目是村领导"跑"出来的，功劳主要在村领导，项目怎么落地、什么时候落地、最终情况如何等，村民们来评判多少显得"不合时宜"。村庄相对已经原子化，大家都忙着赚自己的钱，顾不上对村领导的发展规划"说三道四"，正所谓多一事不如少一事。以苗文化为特色的乡村旅游业主要变成了村领导忙的事。能获取到资源，便打造一下。资源没了，便搁置起来。又申请到了相关的项目，再重新启动。在这一点上，D村的发展路径具有一定的代表性。在课题组调查的黔南布依族苗族自治州的Y村，也出现了类似的情况。Y村较D村文化旅游资源更加丰富且特色更加鲜明，但当地农民对开发旅游的态度依然是淡漠的。旅游开发中的社区参与理论认为，当地人的参与关联着旅游开发的可持续性，没有当地人的参与，旅游开发的成功很有可能只是昙花一现。然而，一旦动员社区居民加入进来，旅游开发的话语权可能就不仅仅在村主要领导那里。D村的旅游开发断断续续、僵而不死，是因为资源来自村庄外部，而村庄内部，大多数村民冷眼旁观。

如果将国家与乡村看作两个主体的话，因为苗汉农民利益取向的多元化，因为农民群体的分化，国家与乡村已经不再对等。当城市要反哺农村、资源开始进入村庄之时，只能通过村主要领导以及地方人才来作为中介。但这个时候，村庄领导以及地方人才还能否代表已分化农民的最大公约数的利益，尚未可知。这个时候，什么是治理的有效性重新成为一个问题。或者，治理本身已经被逐步消解。党的十九大报告指出，实施乡村振兴战略。这意味着，会有更多的项目和资源涌入乡村地区。2020年5月，中共中央印发了《中共中央 国务院关于新时代推进西部大开发形成新格局的指导意见》。这意味着，西部民族地区迎来了新的发展机遇，会有更多的项目和资源涌入西部地区。如果西部基层民族地区的农民处于特别分化的状态，是没办法很好地承接这些资源和项目的，也是没办法监督这些项目和资源被用到该用的地方去的。对于一个村庄而言，若想避免各类由外而内由上到下进入的项目与资源在落实的过程之中不走样不偏离，保持农民适当的主体性尤为关键。作为一个主体的农民，或具有一定组织性的农民，能够推举代理人、替换代理人以及监督代理人。以D村为例，村庄要选择怎样的发展道路、要不要打造乡村旅游业、怎样打造乡村旅游业，当地的普通民众应该参与进来而且必须参与进来。

针对当前的村庄治理困境，很多学者都提出了对策和建议。马宝成认为，当前的乡村治理应该从乡和村两方面切入。不仅要加强村庄建设，还要注意乡镇体制的改革。而基层政府改革又必须与村庄建设统一起来。乡镇层面，改革的重点在明确事权和财权。村庄层面，要完善制度供给，解决最为突出的问题，比如村庄财政与土地收益等。[1]李莉、卢福临认为，乡村治理不仅仅是政府的事，也是农民的事，政府的推动很重要，农民的自主性也很重要。要培育农民的主人翁意识，充分发挥农民的主体能动性，鼓励农民的创造，尊重农民的实践，总结农民的好经验、好方法，将群众制度创新和政府制度创新整合，建立以民意为基础的互动型制度创新机制，促进乡村治理的有序变迁。[2]刘勇认为，有效的乡村治理离不开

---

[1]马宝成：《取消农业税后乡村治理的路径选择》，载《长白学刊》，2007年第6期。
[2]李莉、卢福营：《当代中国的乡村治理变迁》，载《人民论坛》，2010年第6期。

农民群众的制度性参与,因此,建立并完善相应的制度机制很重要。[1] 杨华、王会认为,农村税费改革以后,基层组织的治理责任不再明晰,要想摆脱近年来乡村一系列的治理难题,首先要重新明确乡村基层组织的治理责任,重塑乡村治理主体的责任伦理和主体意识。[2] 李祖佩认为,资源下乡的背景之下,选用怎样的治理规则、治理规则又如何与基层社会相衔接是非常值得考虑的问题。一方面,要放权,即给基层治理组织一定的权力,使其在面对乡村恶势力时能够调动相应资源,另一方面,又要注重治理规则的建构,用规则来约束乡村治理组织谋求私利的冲动。[3] 概括以上这些意见,无非两个方面,即国家、政府该做些什么和农民该做些什么。课题组亦认为,诸如转变政府职能、培养农民自主意识、培育乡村组织等都是良方。课题组亦同意,当前乡村社会的整合已不再可能通过传统的士绅治理的方式予以实现,整体性的社会组织规则的完善、宏观社会文化与制度环境的改革等才是正道。但是,地方性权威重现的概率渺茫并不意味着传统地方性知识的一无是处。外在制度设计得再好也还是需要身处乡村社会网络中的农民们有效地参与。而农民的有效参与、乡村制度创新、农民的自组织很难通过农民权利意识的启蒙、农民公民性格的培育来完成,或者说,即使有可能,也将会是一个较为漫长的过程。但当前乡村的治理困境又该如何破解?很多学者都将注意力集中到基层治理组织上来。曹锦清也认为,当前新农村建设的重大使命是在宗法组织不复存在的情况下如何在分散的小农经济之上重建一个组织。[4] 循着这一思考,我们继续追问,此组织是村党支部和村委会吗?如果是,如何解释当前村庄两委治理的不尽如人意?又该如何加强?如果不是,还有其他组织的可能性和可行性吗?另外一系列的问题也值得追问,这些问题来自D村的村治

---

[1] 刘勇:《社会转型时期农民非制度化政治参与和乡村治理困境》,载《福建论坛》,2010年第5期。

[2] 杨华、王会:《重塑农村基层组织的治理责任——理解税费改革后乡村治理困境的一个框架》,载《南京农业大学学报》(社会科学版),2011年第2期。

[3] 李祖佩:《混混、乡村组织与基层治理内卷化——乡村混混的力量表达及后果》,载《青年研究》,2011年第3期。

[4] 曹锦清:《历史视角下的新农村建设——重温宋以来的乡村组织重建》,载《探索与争鸣》,2006年第10期。

实践，即村庄如何成为一个共同体？村庄为什么是一个共同体？村庄和共同体之间的关系怎样？课题组无力回答这些问题，但依据西部多民族杂居村落D村的个案调查，可适当作一些反思：1. 村庄与村庄的差异很大，村庄能否成为一个共同体、村民采用什么方式的组织都跟村庄的社会性质、社会基础有关。就D村而言，它杂糅了宗族性村庄与分散性村庄的特质，村庄治理不能一概而论。2. 对西南民族地区的农业村庄而言，农民通过现代理念自我组织的可能性暂时比较小，然而在这些村庄中，传统的宗族性意识并未消弭。无论采取怎样的组织方式，适当的动员与组织农民是非常有必要的。治理的有效有赖于农民组织性的维持。国家无法直接面对极度分散的千千万万的小农，单纯依靠国家体制的力量来约束基层政府及地方人才的自利性行为也比较困难。只有农民具有一定的组织性，才能对权威的合法性进行审视和监督，才能作为主体参与治理有效性的评估。3. 在近些年村庄整体去权威化的大趋势下，一些具有结构和价值内涵的村庄内生性知识及其操持者，虽然权威正当性也有所消解，但却依然保留并再生着权威的合法属性。贺雪峰依据辽宁大古村的调查区分了农民的本体性价值和社会性价值，并指出，农民本体性价值的失落会导致社会性价值的恶性竞争和追逐。[1] 而本文认为，内生性权威的存在与延续恰恰彰显的是本体性价值的丧而不失。例如，虽然D村分裂的倾向愈加明显，村民间的差异性日渐增多，但整个村庄（包括村庄里的不同民族），也可以扩大到更大的地方网络，丧葬习俗已然固定化。可以说，这类权威资源、地方知识的演化过程将会在更深层次上决定着村落共同体未来的走向。当前，乡村振兴战略实施过程中，也应注意到这些地方性知识及内生性人才的重要性。尤其易地搬迁等打破原有村庄居住格局的举措，采取时，"元治理者"要注意避免内生性知识的断裂、农民生存意义的无从依傍。乡村振兴不仅仅意味着农民的富裕、村庄的治理有效，它还内含着一套价值体系，关乎中国人基本的生存观念。

---

[1] 贺雪峰：《中国农民价值观的变迁及对乡村治理的影响》，载《学习与探索》，2007年第5期。

第三章 人才与 V1 类村庄

一、引言

上文绪论部分对民族地区的村庄进行了分类，分类依据内外两个标准，即机械结合程度和人口外流程度。机械结合程度指的是内部构成的相似性、单一性和团结感。作为一个分类标准，机械结合程度是相对的。民族是个群体概念，之所以成为一个民族，除了主观认同外，一定的客观基础是必要的。民族识别时，这些共同的客观基础（如共同语言等）曾被当作非常重要的衡量要素。民族是个群体概念，微观层面上，正是这些共同的客观基础体现着民族的"群"性。正是因为将机械团结程度作为其中一个村庄分类的标准，与中东部汉族地区的村庄相比，民族地区乡村的"群性"更明显。当然，这种群性、内部团结感都是相对的。机械结合的力量、内部团结的力量来自传统，来自地方社会，也在随着社会的变迁而变化。有一些民族地区乡村，这种传统的力量消失得快一些，有一些民族地区乡村，这种传统的力量消失得慢一些。有一些民族地区乡村，这种传统的力量被适度保存，有一些民族地区乡村，这种传统的力量已经不再发挥多少作用。无论如何，对民族地区乡村而言，这种内部团结感、地方的"群"性曾经是比较重要的，当前，民族地区乡村振兴战略实施的过程中，也是有必要对村庄的内部团结感和某种内部的"群性"进行简单的判断的。机械结合程度的强弱，主要看民族地区基层社会的人民群众是否看重这种团结感、这种团结感还能否在人们的日常生活中发生作用。强弱要视具体情况来看。一般而言，特色保护类村庄的内部团结感相对是比较强的，一部分集聚提升类村庄的内部团结感也比较强。

村庄分类的另一个标准是人口外流程度。民族地区多为边疆地区、贫困地区，民族地区基层民众传统的生计方式主要是农业种植、畜牧等。改革开放以后，尤其20世纪90年代以来，东部沿海地区率先发展起来，民族地区一部分农村人口开始转变生计方式，外出务工成为这部分人最重要的获取生存资源的手段。对当下民族地区的大部分村庄而言，人口不同程度的外流是最为显著的外观特点。如果人口长时间外流、村庄规模和数量不断减少，乡村振兴战略实施的过程中如何正面应对这种事实便成为非常棘手的问题。人口的外流有不同的表现形式，一种是迁出，即搬离原来居住的村庄，移居城市或城镇。从纵向的长时段的历史来看，乡村人口向城市迁居并非近些年才有的事，而是千百年来人口流动的一个基本特点，只不过近四十年这种人口的流动显得更为剧烈。对于农村地区生活的人来说，城市一直具有强大的吸引力。如果条件允许，搬离农村到城市去居住，被更多的农村人认为是个不错的选择。另一种是周期性外出，即周期性地去外地打工。这是种过渡状态，也是种普遍状态。进城的农民工数以亿计，他们当中只有很少一部分能够真正扎根在城市，能够在城市购房置业。大部分则如"候鸟"，周期性地往返于城市和乡村。严格来讲，周期性地外出并不等于人口的外流。外出打工的农民还会回到乡村来，尤其节假日的时候。因此，对村庄而言，农民外出打工并不必然带来人口的流失。

但人口的周期性外出依然对乡村地区产生着持续的深刻的影响。乡村振兴战略的实施要以很大一部分青壮年劳动力被吸纳进城市为前提和背景。民族地区更是如此。人口的周期性外出也是民族地区乡村比较显在的事实。而且，去城市获取生存资源的方式虽不至于直接导致乡村户籍人口的大量流失，但长时间来看，这种获取资源的方式势必影响人们的判断和选择，导致人口的缓慢流失。无论是迁出，还是青壮年劳力的外出务工行为，人口的外流对民族地区乡村的发展都影响深远。人口的外流程度，既指一段时间内村庄人口的迁出数量也指某个时间点上村庄外出务工者占总人口的比例。非可持续村庄便是那些一段时间内人口迁出数量较大以及某个时间点上外出务工者占总人口比例较大的村庄。可持续村庄则相反，指的是一段时间内人口迁出数量很小以及某个时间点上外出务工者占总人口比例不大的村庄。人口外流程度这个标准也是相对的。简言之，可持续型村庄能够提供给农民一些就地谋生的机会，使人们能够就地完成人口的再生产，在无外力强制的作用下，短时间内村庄自然消亡的可能性较小。

V1 类村庄指的是那些内部团结感强、人口外流程度低的村庄。往往大部分特色保护类村庄和一部分集聚提升类村庄可归入 V1 类村庄的范畴。因为内部团结感强，V1 类村庄可能具备一定的自组织能力。因为人口外流程度低，村庄里的能人、人才可能存在量比较大。下面列举实例并进行针对主题的讨论和分析。

二、案例：黔东南 L 村介绍及乡村振兴现状

（一）文化与生态

L 村地处黔东南雷山县西北部，距县城约 13 公里，距州府所在地约 28 公里。村寨有 147 户近 600 人。耕地约 270 亩。寨内居住的全是苗族同胞，姓氏有陈、吴两个，陈姓占大多数。村寨三面被群山环抱，背南面北、倚山靠河。村庄质朴自然，古韵绵长，家家户户住的都是穿斗式木结构的吊脚楼，檩与檩相接，檐与檐相挨，鳞次栉比，错落有致，可以说，建筑造型、布局、工艺等都深具特色。从外部造型上看，一般为四榀三间，也有三间带耳房或带迭落的、四开间和五开间的。2001 年，L 村古建筑群入选第五批全国重点文物保护单位。寨内小路由鹅卵石铺就，给人曲径通幽的感觉。村庄设寨门三座，寨门像凉亭，也像牌楼，建筑为木结构，青瓦盖顶，无门板，门楼内安有"美人靠"。正对着公路的寨门前有条石板小路，客人进寨，走在石板小路上，会被敬拦门酒，会被邀一块唱拦门歌。

L 村保存了比较完整的传统苗族文化。当地苗族居民的服饰款式多样，文化内涵丰富。从款式上看，上身有高领、矮领、短袖、长袖、左衽、右衽、方摆、圆摆等。下身有带裙、百褶裙、片裙等。从文化上看，当地苗

族服饰常常绘有各种各样的图案，如花鸟鱼蝶以及具有不同象征意义的同心纹、锯齿纹等。服饰分两种，有居家便服和盛妆。盛妆一般配有银饰。L村苗民好客，保留着比较传统的酒礼酒俗。有迎客酒、进门酒、敬客酒、送客酒等，各种名目各种饮法。喝酒常常伴随着歌唱、舞蹈。L村是"苗族歌舞文化之乡"。酒歌、古歌、芦笙舞、铜鼓舞等都充满着浓郁的苗族特色。歌舞表演是各种节庆活动中的主要项目。传统的节庆活动主要跟农业生产相关。比较重要的节日有"吃鼓藏""吃新""过苗年"等。

（二）经济与政治

除了传统的农业生产以外，L村是贵州最早对外迎客的特色旅游村落之一。旅游产业得以一步步确立为村庄的主导产业，跟当时的基层政治运作状况密不可分。L村历史上出了一位农民起义英雄，作为英雄的后代，这里的苗人一直受到各级政府领导的关注。20世纪80年代初，当贵州省启动调查民族村寨的工作之时，调查人员来到L村，当时的村支书与村民商议后认为，如果按照政府调查人员所说能被列入民族村寨而进行重点保护的话，对村庄的发展大有裨益。他们申请到一部分资金用来整理村容村貌，延续生产队时集体出工的方式到河边捡拾鹅卵石来硬化村寨小路。依托成片的保存完整的传统吊脚楼建筑以及对农民起义英雄杨大陆故居的修缮，L村在1987年被国家文物局认定为贵州第一个民族村寨博物馆。

前来观摩的政府工作人员、调查者以及游客渐多，外来者希望看到当地比较传统的苗族文化，支部书记号召村民组织排练了几个节目欢迎远道而来的客人。当地苗民热情好客，一开始并没有想到接待来宾要收费。客人能从遥远的地方来到他们的村落，他们是自豪的也是愿意无偿接待的。但毕竟，接待外来人员可能会耽误一部分生产劳动时间，使得积极响应村支书号召的家户间接遭受一些损失。所以最好应该给予参与接待人员一些经济补助。这时旅游的概念随着L村被国家文物局命名为村寨博物馆的契机进入L村村支书及民众的日常生活中。旅游是一项经济产业，按照旅游的经济属性的要求，游客来到村寨观摩和领略异域文化、民族风情，是可以收费的。招待客人吃饭、住宿，更是可以收费的。既然要搞收费的旅游，那么就该将本民族最有特色的文化展演给游客。问题是，类似吹芦笙、跳木鼓舞等文娱活动不是每天都可以举行的。当地苗人对能够给人提供食物的土地怀着一份非常朴素的敬畏之情，认为农忙时节举办这样的活动是亵渎神灵的，是对土地不敬的，必将会受到神灵以及祖先的惩罚。当时的村支书意识到，要发展观光旅游业，势必组织村民吹芦笙、跳木鼓舞，并做好随时唱歌跳舞的准备，而村民们不能接受随时准备满足游客需求这样的要求。于是矛盾就产生了。村支书找来各房族的"头人"商议，又去请寨里的"先生"帮忙。寨里的这些人才们共同决定还是要发展观光旅游业。除了村支书以及各房族的"头人"的劝解，先生的话也起到了比较重要的作用。农忙时节吹芦笙、跳木鼓舞，祖先是否生气，鬼神是否动怒，本来就是先生负责解释的。祖先们曾经立下这种规矩，是想告诫村寨中人要认真对待农业生产，敬畏给人们提供生活必需品的大自然。发展旅游搞接待并不是不敬畏自然，并不是不认真对待农业生产。客人来了，不能不欢迎，吹芦笙、跳木鼓舞主要是为了欢迎客人，顺便收取一些报酬。神灵不会怪罪，祖先也不会责难。旅游发展的最初几年，没赶上什么自然灾害，村民们从土地中获取的粮食有增无减。观光旅游业也就在L村顺理成章地发展起来。纵观这一过程，能够看到村寨的经济发展与村寨政治之间的某种关系模式，即走什么样的路、怎么走都是商议出来的，都是村寨中人的某种集体意识的体现。村支书、各房族的头人以及"先生"等地方人才可能在村寨发展道路选择上扮演了重要的角色，但绝大多数村民的认可才是村寨最终能够走向观光经济道路的根本原因。

旅游产业在L村兴起，为了应对日趋繁忙的接待工作，L村成立了旅游接待小组。旅游接待小组与村两委工作人员是高度重合的，村支书也是旅游接待小组的主要负责人。除了村支书和村主任，不同的时期，旅游接待小组的其他人员构成会有不同。但不管什么时期，他们都是经过村民推选出来的。有时候还会实行轮流制。旅游接待小组不同成员的工作有分工。主要的工作包括：与被接待方沟通，商讨歌舞表演的时间和场次，发放和收集工分牌，计算工分，发放分红，十二道拦门酒活动举行时准备桌子、酒具，平常没有接待任务时组织歌舞队、芦笙队训练等。2017年3

月，国有控股的旅游公司与 L 村签订了协议，L 村的旅游产业正式进入公司化运营阶段。当年 5 月 1 日起，开始收取门票。为了与外来的旅游公司进行对接，L 村也成立了公司，取名大陆生态旅游公司。大陆生态旅游公司脱胎于曾经的旅游接待小组。目前村里的旅游公司人员构成如下：经理一名，副经理一名，会计一名，出纳一名，芦笙队长两名，一组、二组、三组、四组组长各两名。村支两位工作人员与村旅游公司之间不再高度重合。村支部书记也不再直接担任村旅游公司的经理。

（三）社会生活

L 村是贵州省最早向外来游客开放的旅游村寨之一。21 世纪以来，旅游业在中国的发展方兴未艾，L 村渐渐迎来了更多的国内外游客。游客渐多，接待的场次也就渐多。L 村村民从旅游接待中获得了更多的经济报酬。生活的重心自然从农业生产转移到旅游接待当中来。可以说，目前 L 村人们的社会生活主要围绕着旅游活动来展开。旅游接待小组运行的时期，被选出的接待小组里的工作人员去联系旅行社、接洽来访人员。是否需要安排歌舞表演，安排几场歌舞表演，每场歌舞表演收取的费用等都要看具体情况来定。大陆生态旅游公司成立以后，外来的国有旅游公司每月支付大陆生态旅游公司 13 万元经费，10 万用于参与旅游接待的村民们的绩效分配，3 万用于管理人员的开支。按照所签合同，大陆生态旅游公司要每天组织村民进行两场歌舞表演，每场表演的时间固定，时长不能太短，至少 45 分钟。外来的国有公司对大陆生态旅游公司进行监督、考核，监督、考核结果会影响演出经费的拨付情况。

L 村村民可以通过不同的方式参与到旅游接待当中来，人人都可以参与，人人也都可以从旅游接待中获益。当然，如果有其他更赚钱的生计方式，可以不参加旅游接待。另外，也可以义务参加旅游接待，不从旅游公司拨付的演出经费中抽取报酬，不计工分。最主要的加入旅游接待的方式是，村民们穿上民族服装参与十二道拦门酒欢迎活动或在苗族原生态歌舞表演中表演节目。L 村的旅游接待小组在广泛征求村民意见的基础之上，从长时间的旅游接待实践中探索出了一套"工分制"的旅游收益分配制度。即所有参与十二道拦门酒欢迎活动、苗族原生态歌舞表演以及其他管理工作的村民皆可获得工分，以工分计酬，按劳分配。参与者按照着装、角色、职位等的不同分别计以不同的工分。工分发放分阶段，不同阶段不同分值，每个阶段每个参与者是否按照既定分值发放，视其参与情况、穿戴情况等的不同来定。歌舞表演结束后，发放工分牌的管理人员负责收回、登记，由接待小组或大陆生态旅游公司的会计来汇总，并依据总分值数、各户分值数以及当月总收入来算出各户应得的收益。收入与分配情况每月公示，接受村民监督，有意见或建议可提出，并集体商议意见或建议的合理性，是否予以采纳。

表演工分发放标准

接待组（管理人员）	19分（广播人员21分）
长衣男士	13分（3、3、2、5）
芦笙手男士	20分（6、6、2、6）
银衣女士	18分（4、4、2、8）
盛装女士	14分（3、3、2、6）

表中长衣男士、芦笙手男士、银衣女士、盛妆女士以及未列在表中的学生的所得分值的发放分两个阶段，即十二道拦门酒与苗族原生态歌舞表演。十二道拦门酒活动时，发放具体分值的前三个分值，长衣男士发放3分、3分、2分共8分，芦笙手男士发放6分、6分、2分共14分，银衣女士发放4分、4分、2分共10分，盛妆女士发放3分、3分、2分共8分。发放标准为是否到场、是否按要求着装、是否全程参与。例如，长衣男士不戴头巾会被扣1分。银衣女士不盘头发或不戴牛角也会被扣1分。十二道拦门酒阶段，敬酒在原基础上加1分，搬桌子在原基础上加2分，老人吹芦笙在原基础上加2分，吹芒筒在原基础上加1分。苗族原生态歌舞表演阶段，长衣男士加5分，银衣女士加8分，盛妆女士加6分。一、二年级小学生第一阶段加3分、第二阶段加2分共加5分，三、四年级小学生第一阶段加4分、第二阶段加3分共加7分，五、六年级小学生第一阶段加5分、第二阶段加4分共加9分。几十年来，苗族原生态歌舞表演所演出的

节目发生过变化，公司化运营以后，最常演出的是7个节目，依次为：1. 敬酒歌；2.《苗家欢迎您》；3. 芦笙合奏：《欢乐的苗家》；4. 苗族古歌；5.《锦鸡在飞》；6. 高排芦笙；7. 民族团结舞。有时候第1和第2个节目也会改为苗族礼仪芦笙舞、踩鼓等。节目表演中，芦笙手表演一个节目在原基础上加2分，女士表演一个节目在原基础上加2分，老人参加古歌队的古歌演唱每人加2分，老人芦笙手表演高排芦笙及团结舞在原基础上加4分，主持人在原基础上加3分，敲铜鼓的两位老人在原基础上各加1分。上表中穿盛装的女士基本分反而较少，是因为穿盛装的女士一般多为苗家姑娘、媳妇，十二道拦门酒活动时不少会为客人倒酒，也就会额外加分，节目表演时，诸如《敬酒歌》《苗家欢迎您》《锦鸡在飞》等节目主要也是她们在表演，也能加分。仅通过获取工分的方式，L村参与到旅游接待中的各家庭每月能获得几百到两三千不等的收入。下图是村民陈某保家2019年12月每日的工分数以及根据工分数计算出的月底应该发放的金额数。

2019年12月份旅游表演家庭发放表

名字：陈某保　　总金额：673.25

日期	场次		
01日	1	工分	28
		金额	10.36
	2	工分	29
		金额	12.47
02日	1	工分	28
		金额	11.2
	2	工分	27
		金额	10.26
03日	1	工分	29
		金额	11.89
	2	工分	28
		金额	10.92

续表

日期	场次		
04日	1	工分	30
		金额	12.6
	2	工分	30
		金额	12
05日	1	工分	28
		金额	11.76
	2	工分	28
		金额	11.48
06日	1	工分	28
		金额	10.92
	2	工分	28
		金额	11.76
07日	1	工分	27
		金额	8.91
	2	工分	27
		金额	8.64
08日	1	工分	29
		金额	9.86
	2	工分	28
		金额	10.08
09日	1	工分	29
		金额	12.92
	2	工分	30
		金额	11.4

续表

日期	场次		
10日	1	工分	34
		金额	12.92
	2	工分	30
		金额	11.4
11日	1	工分	27
		金额	10.53
	2	工分	14
		金额	6.02
12日	1	工分	28
		金额	11.2
	2	工分	27
		金额	10.53
13日	1	工分	28
		金额	12.04
	2	工分	14
		金额	5.88
14日	1	工分	27
		金额	9.18
	2	工分	28
		金额	10.36
15日	1	工分	29
		金额	10.15
	2	工分	30
		金额	11.7

续表

日期	场次		
16日	1	工分	29
		金额	11.6
	2	工分	28
		金额	10.92
17日	1	工分	29
		金额	12.76
	2	工分	28
		金额	10.92
18日	1	工分	27
		金额	10.8
	2	工分	28
		金额	10.08
19日	1	工分	28
		金额	11.48
	2	工分	30
		金额	12
20日	1	工分	29
		金额	12.47
	2	工分	30
		金额	12
21日	1	工分	28
		金额	10.08
	2	工分	28
		金额	10.08

续表

日期	场次		
22日	1	工分	28
		金额	10.36
	2	工分	28
		金额	10.36
23日	1	工分	27
		金额	10.8
	2	工分	28
		金额	11.2
24日	1	工分	28
		金额	12.04
	2	工分	28
		金额	11.76
25日	1	工分	29
		金额	12.76
	2	工分	30
		金额	12
26日	1	工分	28
		金额	11.76
	2	工分	27
		金额	10.26
27日	1	工分	28
		金额	11.48
	2	工分	28
		金额	12.32

续表

日期	场次		
28日	1	工分	28
		金额	9.24
	2	工分	28
		金额	8.4
29日	1	工分	30
		金额	10.8
	2	工分	30
		金额	11.1
30日	1	工分	20
		金额	8.2
	2	工分	29
		金额	10.73
31日	1	工分	27
		金额	11.07
	2	工分	28
		金额	10.08
总金额			673.25

除了参与十二道拦门酒欢迎活动或在苗族原生态歌舞表演中表演节目最终结算后获得收益以外，L村村民们还可以通过去指定地点兜售工艺品、开客栈、办农家乐、投资商店等方式从旅游发展中获得经济报酬。对L村这样一个旅游型社区而言，旅游已经镶嵌到村民社会生活的方方面面。比如那些出售工艺品、开客栈、办农家乐、投资商店的村民们，他们日常生活的很大一部分时间都是在与游客的打交道之间度过的。旅游业的发展带动了商业的繁荣。L村内的商店从种类上看主要有这么一些：小吃店，超市，工艺品店（包括银饰店、蜡染体验店、苗绣店等），客栈，农家乐等。有的是混合店：小吃店+苗绣店，超市+苗绣店，苗绣店+农家乐，客栈+农家乐，客栈+农家乐+苗绣，客栈+农家乐+超市，客栈+农家乐+超市+苗

绣，等等。其中"客栈+农家乐"的混合店最多，据不完全统计，旺季时有40多家。包括老支书农家乐、阿龙农家乐、战壕农家乐、揽翠小居、全景青旅、古井别院、古寨小居、金龙苗族风情客栈、高山客栈、憩心苗栈、醉美苗家、阿珍农家乐、铜鼓场农家乐、陈龙农家、陈宇农家、怡客苗家、如妈客居、半山苗家、池塘饭庄、苗家印象、喜悦乐农家、古寨门客栈、喜赢阁、醉鱼乡、田园农家、百年老屋、尼应农家乐、阿妹农家乐、阿文苗家、阿仰莎农家、美哈乐苗家、相聚苗家、潘妹农家乐、佳佳客栈、农田风味、彩彩农家、阿蕾苗家、苗家乐客栈、红猪粉象、阿里粑粑等。这些店铺的主人大多是L村村民，也有一些是外来人员。他们租了村民的房子专门做生意。

三、乡村振兴的可能路径与人才融入

（一）V1类村庄乡村振兴的可能路径

V1类村庄的总体特点是机械结合程度高、可持续。这类村庄在民族地区的四类村庄中有一定的占比，往往是一些更为传统、与城市距离较远的村庄。可持续意味着V1类村庄具有一定的内生发展动力，一部分村民能够通过就近就业的方式实现本地化生存。机械结合程度高则表明人口的流动并没有打破既有的传统型的社会结构，与传统相适应的族群文化、地域性文化也在一定程度上保留着有机性。相对而言，村庄社会关联还有一定的紧密度，血缘关系、拟血缘关系还在人们的交往交流中起到某种不能完全忽视的作用。

黔东南L村可以作为V1类村庄最典型的代表。L村依托自己丰富的民族文化资源开辟了旅游观光的发展之路。对于L村而言，几十年的实践不仅证明这条路是可能的，也是可行的。乡村振兴战略实施过程中，L村的发展道路无需做新的规划，只要在既有路径上进行完善即可。也就是说，相比于民族地区的其他类村庄，L村是最有可能最早实现振兴的。甚至，如果从较为宽泛的角度进行评价，L村已经一定程度上实现了村庄的振兴。依托民族文化资源打造的旅游产业与旅游目的地之间相结合的时间点、相结合时当地人们对本民族文化的持守状态以及对旅游产业的认知等往往关系到乡村旅游的成败。从上文对黔东南 L 村乡村振兴现状的介绍能够了解到，L 村观光旅游产业的选择是在内外力量的互动过程中促成的。20 世纪 80 年代，贵州省文化厅启动对民族村寨的调查研究，L 村的村寨景观、人文底蕴吸引了调查者的注意。1986 年，L 村被列为民族村寨重点保护对象，文化厅拨付资金用以保护性资助。正是意识到村寨建筑以及当地苗族传统文化的特殊价值，再加之政府部门的重视、外来人员对 L 村特色文化的好奇以及旅游观念的输入，L 村在全体村民共同努力之下走上了旅游景观打造的道路。L 村曾被授予"中国民间艺术之乡"，是全国重点文化保护单位、中国景观村落，入选了第一批"中国传统村落名录"，是奥运圣火走过的地方。经过三十多年的发展，L 村目前已经成为 AAAA 级景区。

乡村振兴的总体要求包括五个方面，即产业兴旺、生态宜居、乡风文明、治理有效、生活富裕。改革开放以后，L 村将自身生活的空间改造成了旅游景观，供来访者观摩，整合了当地苗族的传统文化，打造了两个旅游精品项目，供来访者体验、观看。旅游接待渐渐成为 L 村各户村民家庭收入的主要来源。对 L 村而言，产业是有的，而且可以说产业是相对兴旺的。产业是兴旺的，人人又可以从兴旺的旅游产业中获取利益，那么，也可以说，L 村的村民生活是富裕的，起码是相对富裕的。上文对 L 村乡村振兴现状的概述里已经提及，两个重要的旅游项目不排斥村庄里的任何一个人的参与，而且还会向老人和小孩倾斜。仅仅一天参加两次、每次约一小时的十二道拦门酒活动和苗族原生态歌舞表演，L 村每家每户每月少则获得几百元的收入，多则获得两三千的收入（每家参与人数、参与次数不同）。这是个保底的收入。对那些村里的老人来说，没有其他的赚钱活路，十二道拦门酒活动和苗族原生态歌舞表演举行的时候，哪怕仅仅是穿了民族服装过去站一站、走一走，也能领到分红。目前来讲，领到的分红不是很多，单个老人每月出勤率达到 90% 以上的话，可能会分到两三百元钱。如果家里有小孩，小孩在十二道拦门酒活动和苗族原生态歌舞表演举行的时候，也能领到分红。这些都是有倾向性的保底措施。一个家庭，不止老人和孩子，全体家庭成员都去参加十二道拦门酒活动和苗族原生态歌舞表演的话，积分更多，获得的分红也就更多。除了这种保底式参与，村民们还可以通过提供其他旅游产品、开发其他旅游项目的方式获取报酬。像出租房子、出售工艺品、开客栈、办农家乐、投资商店等，获取的经济报酬可能更高。作为旅游型村寨和AAAA级景区，L村声名在外，主打的十二道拦门酒活动、原生态歌舞表演等旅游项目自然也备受欢迎。近些年，村里芦笙吹得好的男性村民、歌舞表演活灵活现的女性村民也经常受邀到贵州各地的商业活动中去助兴，或者有些村民直接去各地的火锅店、酸汤鱼店打工，专门负责表演十二道拦门酒或吹芦笙，收入也相当可观。因此，L村旅游产业的发展带给村民的收益是辐射性的、层级性的。既有保障性收益又可能有其他经营性收益。L村开发乡村旅游，传统的成规模的木结构干栏式建筑是其中非常重要的一个卖点。早在旅游开发之初，当时的村支书就曾带领广大村民到河边捡拾鹅卵石铺设村寨道路，改善村容村貌。旅游开发之后，村寨既是村民日常生活的地方，也变为外来游客所要观看的"景观"。重视村寨的环境卫生、保护水源地、处理好生活污水等也是成为"景观"义不容辞要做好的事。村寨中人历来敬畏自然、敬畏祖先、敬畏神灵，从旅游开发之初村民们认为每天吹芦笙有可能会惹恼神灵这样的顾虑中能够看出，当地苗人的淳朴和虔敬。当地苗族最隆重的节日是"招龙节"，十三年才过一次。村民们认为，"龙"乃吉祥之物，与祖先神灵关系密切，而最高的山是祖先神灵居住的地方，也是龙居住的地方，将龙招下山引进寨，有了龙的庇护，寨子会人丁兴旺、六畜平安。因此，可以说，乡村振兴的要求——生态宜居在L这个旅游村寨已经很大程度实现了。

　　旅游活动的持续开展，使得L村形成了跟其他村庄完全不一样的文化场域。人们远道而来，不惜花费时间和金钱驻足观摩，这种被打量被欣赏无疑增加了文化持有者的自信心和自豪感。文化的濡化循序渐进、细水长流。新一代乡民主动亲近苗族传统文化，在学习中发扬，在发扬中学习，在保护中开发，在开发中保护。乡风文明建设的内容多样，内涵丰富。文明有广义狭义之分，本身便是个复杂概念，怎样的乡风是文明的，可能需要因地制宜、设身处地地细致讨论，尤其对于民族地区而言。无论文明的具体要义如何把握、乡风文明建设有多少内涵，继承和发扬优秀传统文化、丰富基层民众的文化生活都应该囊括其中。从这个角度来看，L村的乡风文明建设无疑是值得肯定的。能够依托本民族的优秀文化资源发展乡村旅游业，将既有的传统进行创造性转化，实现文化效益和经济效益的增值，这样的乡风不能说是不文明的。课题组贯穿始终的一个观点是乡村振兴的主体是农民。乡村想要振兴要依靠农民，发动农民，乡村旅游是关于"流动"的经济活动，远道而来的"观看"势必也会带来内部的"自省"和"流动"。L村的确也有一部分外出谋生者，其中年轻人的比例也不小。但与其他村庄相比，外出的整体比例是小的。有一部分年轻人留在了村庄里，而且，留在村庄里的这些年轻人能够通过出租房屋、商品经营、开办农家乐和客栈等方式获得经济报酬，使得生活质量不会低于外出谋生者。换句话说，L村的发展模式是可持续的，想走向更大的振兴也是有可能的。因为发展的主体还在，年轻的主体会加入进来。比如现在村两委班子成员中就有本村出去读大学毕业以后回村工作的大学生，村里成立的大陆生态旅游公司的主要工作人员中也有不止一个30岁左右的青年。

上文对L村乡村振兴现状的描述提到，L村创立了一套比较独特的乡村旅游收益分配的"工分制"模式。这种模式的创立与L村村民的共同体意识关联较大。乡村振兴的主体是农民，乡村治理的主体当然也是农民，治理的有效有赖于治理主体的共同协商和相互配合，L村恰恰是一个具有较强自组织能力的村庄，是一个内部团结感较强的村庄，L村之所以能走向"集体主导型"的民族村寨旅游开发之路，正是得益于这种协商和协作，得益于集体的智慧。评价治理是否有效，是要看村庄内部是否能够形成某种秩序，这种秩序是否与国家的治理要求相契合。L村村民守望相助，积极献言献策，共同尊重集体决定，共同开发传统文化资源，共同参与旅游接待，利益分配向老人和儿童倾斜，这些实践无疑彰显的是某种秩序感，这种得到了大多数村民认可、人人都可获益的发展模式体现着治理的有效。村支两委与村民之间，村支两委与大陆生态旅游公司之间，大陆生态旅游公司与村民之间，三者的关系是协商的，是平等的，秩序的维持征求了村庄里每一个人的意见，依靠的也是每一个人的身体力行。可以说，

L村的治理是有效的，符合国家的治理要求，又处处体现着治理主体的集体意志。

从乡村振兴的总要求来看，L村极有可能率先实现振兴，或者，当前的L村已经很大程度上实现了振兴。当然，家庭收入达到怎样的一个客观值才能算生活富裕，是可以商榷的。有人也提出L村的旅游发展事实上面临着诸多的挑战，甚至密切关心村里发展状况、回到家乡创业、致力于改造L村发展格局的一些年轻人也在抱怨，L村老人们思想保守，太注重公平，不太注重效益，L村错失了多次实现经济腾飞的机会，但是，乡村的振兴并不是简简单单的生活富裕，不是赚更多的钱，虽然，对当下中西部的绝大多数村庄来说，没有产业、无法就近获得生存资源是阻碍乡村振兴的最重要关卡。乡村振兴是整体工程，需要总要求中各个分要求之间的平衡状态，需要通盘考虑，需要整体评估。

L村是V1类村庄的典型代表。旅游业可以作为一种产业，V1类村庄也可以通过其他类型的产业发展留住人、聚集人、振兴乡村社区。另外，L村走通的路，其他村庄并不一定能走通，尤其是其他类型的一些村庄。

（二）V1类村庄人才融入的特点及注意事项

V1类村庄内部机械结合程度高且可持续。通常而言，由于V1类村庄人口的外出是有限度的，还在村庄中的一部分人口能够实现本地化就业，理论上，村庄内部的各类人才在数量上就不会很少，类型上也不会很少。人才之间是种并存的状态。由于机械结合程度高，村庄内部的情感纽带还能够起到一定的作用，治理人才、非治理人才与普通村民之间的关联较为紧密，人才的自利性会受到这种相对较为密切的关联的约束。管理人才除了是国家政策的落实者、国家权力在村庄的代理人，同时也还是村庄绝大多数成员的有权威的代表。除了管理人才，其他类型的人才，诸如知识/技术人才、经济人才等也具有一定程度的权威属性，也能有一定的话语权。除了在村庄选举时期，治理人才之间可能有竞争之外，整体上，治理人才内部不会产生非常明显的竞争，同样，治理人才与非治理人才之间也不会产生强的竞争性。

机械结合程度通常指代的是一种基于传统关系尤其血缘、拟血缘关系的自组织状态。机械结合程度高意味着这种传统关系在人们的日常交际中还起着一定的支配作用。V1类村庄的人才融入要注意到本地化的人才能够完成再生产，同时也能再生产这种传统关联。以案例村黔东南L村为例，为了让自己所在的村庄发展得更好，人才的融入是有积极性的，不仅治理人才，其他人才同样有积极性。大陆原生态旅游公司的管理人员是竞争上岗的。芦笙队的队长也是挑选出来的。老年女性也会学习唱古歌，争取加入能够在原生态苗族歌舞表演活动中承担某个节目的老年古歌队。乡村振兴战略实施中，V1类村庄地方人才融入的数量和类型都会比较多。这当然跟此类村庄乡村振兴的基础较为扎实、现状较为可喜是相关的。或者乡村振兴的基础扎实，地方人才融入的数量和类型就会多，地方人才融入的数量和类型多，乡村能够实现更大振兴的可能性也就更大。就人才本身来说，他们的融入可能既有理智的成分也有情感的成分。因为有对家乡那种朴素的情感，有对家乡的人们的那种天然的亲近，把生自己养自己还有可能会成就自己的本村本土建设好发展好，几乎是一种义不容辞的责任。要注意这种机械结合产生的力量，凝聚和引导这种情感的力量。在黔东南L村做调查，课题组能够明显察觉到，L村的人们是重视这种情感的。每个人都想把旅游发展得好，如果哪个人违背规定，不在指定地点指定时间出售工艺品，或向游客贩卖假商品，L村的人们会形成一致的舆论压力迫使违背规定的人改正错误。人们会认为，没有把自家门前的卫生搞好，是不道德的，是给村里拖了后腿的。村庄是大家的村庄，每个人都有权利和义务维护村庄的整洁卫生，每个人都要为良好的旅游氛围的营造贡献力量。"别人为什么来看我们？就是因为我们的文化是独特的，是原汁原味的，游客是冲着古老的风俗来的。这些古老的东西靠整个寨子里的人一辈辈传递，大家的心要团结，保护好它们，要不人家就不来了。"

振兴以后的乡村也居住着农民，振兴以后的乡村好不好、舒不舒适，也应该由居住其中的农民说了算。外在的物质条件是一部分，内心的充盈程度又是另一部分。就V1类村庄而言，要保护好村庄发展的内生动力，激发人们愿意参与其中的那份热情，确保乡村振兴的成果为全体人员所共享。另外，还要做好国家政策落实与人们参与其中的积极性之间的协调，使得外力与内力能够相互促进共同作用，尽快实现这类村庄的彻底振兴。

四、小结

V1类村庄的总体特点是机械结合程度高、可持续。可持续意味着V1类村庄具有一定的内生发展动力，一部分村民能够通过就近就业的方式实现本地化生存。机械结合程度高则表明人口的流动并没有打破既有的传统型的社会结构，与传统相适应的族群文化、地域性文化也在一定程度上保留着有机性。改革开放以后，案例村将自身生活的空间改造成了旅游景观，供来访者观摩，整合了当地苗族的传统文化，打造了两个旅游精品项目，旅游接待渐渐成为案例村各户村民家庭收入的主要来源。从乡村振兴的总要求来看，该村极有可能率先实现振兴，或者，当前的案例村已经很大程度上实现了振兴。V1类村庄的人才融入要注意到本地化的人才能够完成再生产，同时也能进行关联传统的再生产。在乡村振兴战略实施中，V1类村庄地方人才融入的数量和类型都会比较多。人才的融入的成因可能既有理智的成分也有情感的成分。V1类村庄乡村振兴的基础较为扎实，人们更愿意把自己的家乡建设好发展好。要注意V1类村庄机械结合产生的组织性，凝聚和引导这种跟情感有关的动力。

第四章　人才与 V2 类村庄

一、引言

根据绪论部分对民族地区村庄的分类，V2 类村庄指的是机械结合程度高、非可持续型村庄。一部分集聚提升类村庄可划入此种类型，一部分特色保护类村庄也可以划入此种类型。机械结合程度高，说明这类村庄的内部团结感较强。这种团结感一般来自传统，来自血缘纽带，或来自拟血缘关系。下文将要着重论述的案例村即是如此。几个姓氏的居民同居一地，按照某种规则相互之间建立了复杂的姻亲关系。长期施行的内婚制使得村庄的边界成为人群结构的边界。村庄内部亲上加亲，人活在血亲与姻亲关系之中。案例村的名字与瑶族在此地聚居有关，也与居住此地的瑶族六姓氏有关。当地瑶族社会组织由家族、兄弟家族结合而成，一方面是一个共同祖先延续下来的血亲集团，另一方面通过收容外氏或结拜兄弟等方式吸纳了另外一些人。事实上，传统时期，村庄机械结合程度高是民族地区乡村比较显著的特点。一个自然村落往往就是一两个姓氏不断繁衍而成的扩大家族。甚至有的村庄从命名上也能够直接看出这一特点来，比如董家堰、何家坝等。非可持续，意味着 V2 类村庄在一段时间内人口迁出较大或者某个时间点上外出务工者占总人口比例较大。虽然周期性外出务工并不直接导致人口的迁出，但去城市获取生存资源的方式会影响人们的认知和判断，尤其第二代第三代农民工，他们对故土的眷恋要更少，对城市的诉求要比父辈祖辈更多，愿意回到农村的可能性不大。

机械结合程度高同时非可持续，V2 类村庄外出打工的人可能从事相同或相近的行业，将在乡下的血亲与姻亲关系以"扯秧子"的方式带进城市。20 世纪 90 年代初，在地方政府的组织下，案例村一些瑶族青年去了贵州神奇医药集团做工，从事药物加工工作。21 世纪初，当地瑶族村民开始到东部沿海的工厂打工，工厂的工作稳定，但时间长，不自由。当地瑶族原本为狩猎族群，至今保留完整的打猎舞便是例证，定居在瑶麓之地的瑶民，男人还是在耕作之余上山打猎。这种生活方式与工厂里的朝九晚五略有相悖。到了 2005 年左右，瑶麓地区外出打工的青壮年劳力（也包括女性）开始从事建筑业，由于没有技术和知识，主要做钢筋工和水泥工。人口外出比例较大。

二、案例：黔南 Y 村介绍及乡村振兴现状

（一）文化与生态

Y 村隶属荔波县，2014 年之前，为独立的乡建制，2014 年并入茂兰镇管辖。Y 村为瑶族村，被称为"中国青瑶第一寨"。这里自古便是青瑶集聚之地，有欧、韦、覃、卢、莫、常六姓人口居住，称瑶六或瑶麓。青瑶自称为"努摩"，意思是穿着青色服饰的瑶族人。Y 村距镇政府 9 千米，距县城 34 千米，平均海拔 640 米左右，年平均气温 17.3℃，降雨量 1400—1500 毫米，雨水分布适中，无霜期 280 天左右，属亚热带季风性湿润气候，特点是气候温和，四季分明，夏长冬短，无霜期长，雨量充沛，日照充足。2018 年的统计，辖区共 392 户 1619 人，面积 25.99 平方千米。

Y 村地处典型的喀斯特地形地貌区，多溶洞和地下暗河，土质大部分为石灰土，土层普遍较薄，坝子和土层相对厚一点的地方在所有土地面积中所占比例不是很高，山头山腰基本都是自然生长的灌木丛，山下坝子面积较小，很大一部分还被当作建设用地使用。四个自然村寨中，大寨所在位置便是坝子，打里、洞干、洞闷则处于山麓地带。Y 村不少溶洞内部比较宽敞，洞内钟乳石错落林立，当地居民实行洞葬，此一习俗绵延至今。这种习俗可以作为环境与人相互适应的某种例证。

Y村境内植被覆盖率高，森林面积约3万亩，用材林树种主要有马尾松、杉树、泡桐树、香樟树、枫树等，经济树种主要有油桐、板栗、漆树、五倍子等。当地是喀斯特森林区，各类古木参天，树种繁多，在村庄发展过程中，一度出现过树木被大量砍伐的时期，现在留下的只有老林区还算保存完整，其他区域主要是些灌木林，价值远不如老林区。据当地老人回忆，以前还有大片森林的时候，林中动物很多，如野兔、黄鼠狼、野猫、熊、老虎、豹子以及其他各种鸟类。后来森林面积减少，许多动物失去栖居之地，加上频繁的猎杀，当地的野生动物不再多见，老虎、豹子等大型野生动物几乎绝迹，只有猕猴、白雉、金鸡等动物栖息在老林区。田野点所调查的当地瑶族原为狩猎族群，《打猎舞》是当地比较流行的民间舞蹈，反映的正是曾经狩猎时代的生活场景。现存的《打猎舞》分为五部分：上山围猎、打熊、打猴、打野猪、生产舞。舞蹈风格粗犷拙朴、动作张弛自如。

当地瑶族来黔南定居较早，传说其祖先从江西、湖南、广西等地迁徙到贵州，曾住过时来、尧排、水春、水尧、比鸠、水庆等地。明朝时入编，明清属瑶庆里，民国时期属瑶庆乡五、六保，第五保辖覃家寨、卢家寨、韦家寨、欧家寨，第六保辖打里寨、洞干寨、洞闷寨。1953年改为四个自然村寨：大寨（覃家寨、欧家寨、上韦寨、下韦寨、卢家寨）、打里、洞干、洞闷。1961年8月改为8个生产队（洞闷、洞干、打里、覃家、卢家、下韦、上韦、欧家）。1984年5月辖13个村民小组，2001年4月分为瑶麓村和打里村。瑶麓村辖大寨9个村民小组、打里村辖4个村民小组。2014年11月后两村合并，即现在Y村共辖4个自然寨子13个村民小组。村委会在大寨，大寨是主寨，常住人口共254户1145人。

当地传统住房为干栏式木板房建筑，人畜混住，牲畜关在楼下，人在楼上居住。现在的民居多被砖房替代，实现了人畜分离。大寨几公里外建造了6个牛棚，养鸡户将鸡放养在所属小组的后山上。当地从2014年开始退耕还林、封山育林。政府会给予退林群众一定的财产补贴，村中还设置了护林员这一岗位，以便于生态环境的管理，护林员主要从贫困家庭中筛选，每月工作20天，向上级反映地质灾害、疏导交通、森林防火、明火预报等属于护林员的职责范畴。Y村村委会制定了"门前三包"责任牌，定期举行"人居环境整治评比动员会"。

过去的人类社会生产力水平低下，人们把各种自然现象和自然力当作与人类社会相对的异己力量[1]，赋予它某种神力，崇拜它，屈服于它。自然崇拜是历史发展到一定阶段的产物。当地瑶族对大自然的崇拜是显而易见的，具体内容包括神树崇拜、山神崇拜、石头崇拜、雷神崇拜、太阳崇拜、水崇拜等。

Y村四面环山，山上有着许多古老的树，林木茂盛。当地社会严禁砍伐大树，人们认为树是有灵魂的，是大树养育了他们。家中有小孩子生病，或者产生厌家的行为，当地瑶人会认为是污秽在作怪，就到山上找一棵树作为孩子的"保爷"，祈求神树保佑，逢年过节时带着鸡、鸭、酒、香纸等东西到大树下供拜，一直到孩子成年，也有一直祭拜到老的。目的是祈求神树"保爷"的庇佑，孩子能平平安安长大。

石头崇拜也是自然崇拜中的一种，当地社区地处深山中，石头多。他们视一些石头为保佑神，每逢过年、过卯都会到石头"保爷"那里祭拜，还在那里贴纸钱，放鞭炮，带着贡品去祭拜，祈求石神的保佑。

Y村整体来说比较缺水，但大大小小的水井有好几个，如阳井、阴井。据当地人说，那些结婚之后无法生育的人会去祭拜水井，目的是祈求水井神赐予他们一个孩子。听说有人去祭拜后，真的如愿生了孩子。也有将芦苇草打成X形状堆放在水井旁边的，通过这种方式来祈求水井能保佑他们水源不断、财源滚滚来。

太阳是生命之神的象征，当地瑶人一直崇拜太阳，敬仰东方，据说能够提供护佑的神灵聚居于东方，遇到红喜事或打猎前举行安坦仪式，瑶人都会向东方祭拜，向太阳祷告，祈求家庭和睦、消灾避难，年年丰收，打猎时能获得大猎物。

当地瑶人一直对雷充满着敬畏，尤其是打里的韦家，每逢春节过后，在第一次雷声响起时的当天下午或者第二天早上都要到"涡娃"处，杀猪祭拜，祈求雷神保佑。并且在那里吃饭庆祝，预祝当年五谷丰登。

---

[1] 赖永海：《宗教学概论》，南京：南京大学出版社，2004年，第164页。

鱼在瑶麓社会有着重要的象征意义。很久以前，瑶人们从事渔猎活动，鱼是食物，是猎捕对象，慢慢也演变成崇拜的对象。在当地居民眼中，鱼是引路者，能为人指点迷津。一般在丧葬仪式中，棺材上都会插着一条木鱼，木鱼能带着死者顺顺利利地去往祖居地，回归到祖先那里去。

民间信仰是民族文化的组成部分，民间信仰的延续是对民族文化的继承，从民间信仰中可以发现一个民族的发展轨迹，民间信仰通常被分为仪式与观念两部分。人们不运用技术程序、求助于神秘物质或神秘力量的场合时的规定性正式行为被视作仪式，瑶麓社会的民间信仰延续着古老的仪式与观念体系。改革开放后，当地社区仍然保留着许多民间信仰内容。

祭祖仪式。瑶麓居民的祭祖仪式不同于其他地区，当地居民祭祖拜祭的是石头"涡娃"。每个家族都有本家族的"涡娃"，腊月三十下午都会去祭拜它，但是各个家族祭拜的方式不同，如洞闷组的人祭拜"涡娃"时，五年集中祭拜一次。祭拜之前，全组的人集中开会，商量购买贡品事宜。大家集资来购买物品，腊月三十下午，全组人都到"涡娃"那里去，石头砌成灶坑，在那里煮稀饭、杀猪、杀鸡、做菜、放鞭炮等，然后大家一起吃饭。祭拜"涡娃"时，要按照相关的步骤来进行，首先由老人去祭拜，当老人祭拜好以后，接着年轻人来到它面前，祈求"涡娃"保佑新的一年家人幸福平安。除了五年一次的集中祭拜，其他年份都是自己家拿着酒肉等贡品前往祭拜，祭拜之后可就地吃饭，也可象征性地吃下就返回家中。

大寨的欧家与覃家不是五年集中一次，而是每年都集中。腊月三十早上在家里打扫卫生，做糯米粑粑、杀鸡等，迎接新年到来。下午每家每户都会从家里带着一些米，到"涡娃"那里去，在那里杀猪、鸡等祭拜；而下韦家则不同，他们都是在自己家完成，没有集中杀猪祭拜的习俗，只需每年的腊月三十去祭拜"涡娃"即可；打里的韦家和欧家又与其他家族不同，他们选择初一那天早上去祭拜"涡娃"。著名社会学家涂尔干认为，符号或者标记让人类社会具有了凝聚力。[1] 在内外部的压力作用下，加强团结感、增强凝聚力十分必要。瑶麓社区的"涡娃"作为一种象征符

---

[1][法]爱弥尔·涂尔干：《宗教生活的基本形式》，渠东、汲喆译，上海：上海人民出版社1999年，第304页。

号，在当地有着神秘的力量，从某种意义上说，当地对"涡娃"的祭拜实际上可描述为一种祭祀圈，在瑶麓地区，每个村民小组都有属于自己的"涡娃"，在大的祭祀圈下，又组成了一些小的、以家庭为单位的祭祀圈。这种"祭祀圈"能进一步将民间信仰图景统一起来，让村民个体凝聚在一起，形成一个整体。通过这种祭拜仪式，"涡娃"被纳入集体意识中，各个家族甚至整个村庄变得更加团结，人们的关系更加和谐，社会秩序更加稳定。另外，因祭祀"涡娃"而形成的村落不同层级的"祭祀圈"，将整个村庄的人们牢牢捆缚在一起。

打猎仪式。当地瑶人早期以集体狩猎为生，转为定居农耕较周围布依族、水族更晚些。打猎的队伍由猎首带领，成员几人不等。打猎时会举行安坦仪式、祭山仪式。获得猎物后，回寨子之前，猎人们会在寨子外面排成队向着天空放枪，如果打到几十斤的猎物就放七八枪，如果猎物有一百斤以上就要放十几枪，以示对山神的感谢，同时也是向寨中人的报告。晚上，人们会把所得的部分猎物作为夜宴的食物，其余的要平均分配给所有参与狩猎的人和猎犬。当地流传着形容瑶人爱打猎的谚语：不打鸟，鸟走了，不打谷，谷还在。说明他们喜爱打猎胜过于种庄稼。

扫家仪式。选择一块好的土地作为居住地，能让子孙昌盛、家业兴旺，反之，则家庭衰败、灾祸横生。因此，在瑶麓社会，人们决定修建房子后，会请风水师前来看宅基，听从风水师的建议。过去无论是选择宅地还是修建房子，人们都会请风水师前来查看一番，不过现在由于政府的规划，人们相继搬迁到大寨上。因而，人们选择宅基以及修建房子时不再有过多的讲究，但是在修建好房子之后还是要举行一系列的求平安仪式。

扫家仪式是当地瑶人盛行的一种除晦仪式，每逢搬进新家或者家里诸事不顺之时，都会请先生来做一次扫家仪式，搬家时的扫家仪式需准备一只鸡、一只鸭、一斤猪肉、一些沙子等，届时先生念一些咒语把家里不干净的东西驱除。扫家后的三天之内，外人不能踏入家里。倘若有人找，也只能在外面叫。如果有人不小心闯入家门，就要翻倍赔偿扫家仪式时所用的物品，并举行第二次扫家。因搬新家而举行的扫家，时间是很讲究的。当地瑶人认为数字"五"是吉利的，因而扫家的日子都会选择在初五、十五或者二十五那天举行。当地瑶人搬新家或者过年的时候,也会在家门口贴上守门神的画像,还会在门口挂上一面镜子。有的也会挂稻穗、木刀、鸡毛之类的东西,据说也有抵挡污秽、祈求六畜兴旺的意思。

丧葬仪式。当地瑶人一直保留着古老的岩洞葬习俗,在当地社区,丧葬仪式的过程有些复杂,当老人逝世后,首先由儿媳们给死者净身穿衣,着传统民族服装。然后在家门前搭一张床,把死者头朝家门脚朝路边放在床上,并用一块床单盖住死者的全身等待入殓。人死后的当天,寨里人把牛牵到举行砍牛的场地上,用竹条圈成一个圆绳套在公水牛角上,然后由大女婿持刀砍牛,如果没有女婿就给舅子和家里的堂兄弟,寨里的其他人用木棍赶牛跑。砍牛时不能伤到牛角,否则会被主人家及舅家的人责骂甚至殴打。[1]

蛋卜仪式。蛋卜是当地瑶人猜测病灾的一种占卜方式,如果有人生病,就把鸡蛋煮了以后,用刀将其割开成两瓣,然后拿半边的鸡蛋来滚,如果蛋黄面向自己,说明这个人是健康的,如果蛋白面向自己,说明有邪祟作怪,情况很严重,则需请先生来做法,才能保平安无事。

思想观念的沿袭。当地瑶人崇拜自然万物、天体,认为万物皆有灵,相信"灵魂不灭",认为灵魂与肉身并存,肉体与灵魂是分开的,肉体死了,灵魂还在。这种观念主要体现在当地瑶族的丧葬仪式中。当地瑶族人逝世之后,其后辈与亲属对抬到洞里的死者肉身是不管不问的,肉身死了,灵魂就远离肉身,不需要再管了。当地瑶族传统观念里,灵魂有"洁净"与"肮脏"之分,尤其在丧葬仪式中最能体现。当地瑶族社会一直延续岩洞葬习俗,与其他民族不同,人死了,当地瑶人会将逝者抬进岩洞中。山洞是有要求的,当地瑶人会选择植物茂盛、山下有水的天然洞作为葬地。死者进洞还是比较讲究,那些非正常死亡的人,如车祸、早夭、坠楼等都属非正常死亡,这些人是不能进入洞里的,因为他们的灵魂是"肮脏"的,所以只能把他们放在洞口,或者山腰里,总之,他们不能进入洞中,死后的灵魂也不能回到祖宗那里去,怕玷污了祖居地。只有那些灵魂"洁净"的,自然死亡的人才能进入洞里。此外,每副棺材上都钉着一个

---

[1] 席克定:《荔波县瑶麓瑶族的岩洞葬》,载《贵州民族研究》,1982年第1期。

牛角板，牛角板上画着瑶王印章、牛、牛角、农民耕牛犁田场景等，牛角板是死者身份的象征，同时也暗示着死者去世后，他的"灵魂"到另一个世界去，还能与牛打交道，靠牛生产，过着有吃有穿的安逸生活。某一位瑶人去世，其家门口要放上三处茅草，沾亲的家庭也要在家中门口的两侧放巴茅草，意思是阻止死者的灵魂归来。送死者进洞之前，亲人要对着死者棺材说，在世上时，是亲人，走了之后，便不再是亲人，让死者不要再回来找他们了。送死者进洞的路上，宽阔的地方都要把棺材摇晃几下，意思是让死者的"灵魂"高高兴兴上路，能顺利地找到祖宗所在的位置，并与之团聚。总而言之，从对祖先神"涡娃"的祭祀以及丧葬仪式的操演过程能够看出神灵观念在当地瑶人的认知中根深蒂固。

20世纪90年代，当地瑶族民众外出务工者渐多。此后，瑶麓社会迎来了比较快速的变迁，传统文化以及民间信仰的变迁也在加剧。

祭祖仪式的变化。之前当地社区村民家中不设神龛，逢年过节将桌子放在堂屋中央，用于摆放供品祭拜即可。人们修建新房之后，村内基本上每家每户都设有神龛、立有祖宗牌位。逢年过节时当地瑶人除了拿纸钱、酒、肉等供品来拜祭祖先之外，还拿着分别象征着团结、平安、甜蜜的香蕉、苹果和橘子来祭拜神龛。

打猎仪式的变化。定居瑶麓以后，当地瑶人不再以打猎为生。狩猎仪式也就不需要再举行。但部分狩猎仪式还是以打猎舞的形式被保存下来。"打猎舞"模仿的是瑶族先民驱逐野兽守护家园的情景，后来变成了祭祀祖先时的祭舞，再后来又演变为舞台上的表演。目前，瑶麓社会的年轻人大多外出务工，"打猎舞"的传承遭遇了困境。

扫家仪式的变化。扫家仪式起初只是种祈福方式。现在举行的扫家仪式，传统的祈福观念还在，求财的愿望也被加入进来。课题组在当地做调查期间，有幸看到一次扫家求财仪式案例。2019年8月20日，在瑶麓大寨的欧家组欧某家举行了一场扫家求财仪式，据欧某讲，他家在最近两年时间里遭遇了重大变故，家里诸事不顺，房子刚修建，母亲便生病、父亲也生病，挣的钱财都散出去了，做什么事情都不顺利。可能是因为家里有鬼怪作祟，所以他从茂兰镇请来长衫瑶的先生做扫家仪式，想以此让自己的生活有所好转。

丧葬仪式的变化。首先是棺材在家停放的时间，以前棺材是不在家过夜的，现在可以在家过夜。还有砍牛的仪式也发生了变化，以前砍牛时寨里人用木棍赶牛跑，大女婿或者没有女婿时给舅子和堂兄弟砍刀，并且砍牛时不能伤到牛角，否则会被主人家及舅家的人责骂甚至殴打，现在把牛杀死就可以，过去必须由女婿持刀砍牛的要求丢掉了。

思想观念的变化。随着与外界交流的加深，新的观念在当地社区滋生，许多人家都安上了神龛，神龛上设有三界公爷之位、灶王爷之位、天地国亲师之位以及玉皇大帝的尊像等，逢年过节，除了祭拜祖先外，也会祭拜这些神。这说明当地瑶人已受外界的影响，他们的原始祭祀观念已经发生改变，传统的民间信仰内容日渐被摒弃。年青一代都接受了学校教育，文化水平变高，对传统的信仰产生了质疑。在瑶麓地区做调查，发现当地人一方面在祭祀场所前是敬畏的，怕冒犯神灵，受到神灵的惩罚；另一方面，在家里聊天时，又认为自己不迷信，相信科学。

文化变迁的过程或途径是进化、发明、发现、传播或借用。[1] 当地瑶人在与其他民族的接触中吸收了外来文化，民间信仰的变迁是必然的。与外界连接的道路修通，电视、手机等进入瑶麓家庭，人们去往全国各地打工，瑶麓民众与外界的联系日益密切，空前加强。瑶麓的文化模式也在这种日益紧密的涵化中发生变迁。第一，仪式信仰的功能日益趋向个人化，通过对当地社区丧葬仪式、打猎仪式、祭祖仪式的分析，我们发现，在当今的瑶麓社会，人们对神灵的祭祀与崇拜，更多是功利性的，人们根据自身的需要改变神灵的本来面貌，简化仪式的程序，改变仪式的用途，使其更加趋向个人化。第二，神灵观念日益淡化，传统的祭祀在乎的是鬼魂，如丧葬仪式、扫家驱鬼仪式都充分体现神灵观念，现在的祭祀已经空心化，表达的是追求美好的生活、追求个人利益的愿望。过去人们无法解释一些自然现象，便赋予它某种神秘的力量，认为它可以操控人类，后来随着科学技术的发展，人们对一些未知的事物都有了科学的解释，对神灵

---

[1] 黄淑娉、龚佩华：《文化人类学理论方法研究》，广州：广东高等教育出版社，2004年，第213页。

的崇拜不再是那种至高无上的敬畏，孔子有句话说，祭神如神在，现在当地瑶人的祭祀则有点"祭神如神不在"。

改革开放以后，随着中国社会的巨大转型，民间信仰得以"重生"，民间信仰又重新回到人们的视线之中，逐渐演变成为一种新的社会风俗。"制度变迁是指创新主体为实现一定的目标而进行的制度重新安排或制度结构的重新调整。它是决定社会演进的主要方式，是理解社会历史文化变迁的关键。"[1] 从制度变迁的角度来分析当地社区民间信仰的历史演变，尤其是分析改革开放以来民间信仰变迁的问题，很好地解释了国家力量对民间信仰变迁问题的影响。[2] 国家意识形态已经融入到当地瑶人的生活之中。在当地社区的一些村民家中，你能看到他们的神龛前面挂着国家领导人的照片。访谈中发现，村民认为信仰与对祖国的热爱并不矛盾。瑶麓人民的生活状况的改善得益于国家的持续帮扶，在瑶麓社区，国家是在场的。当地瑶人一直保留着古老的岩洞葬习俗，这种习俗受到了地方政府的保护。由传统的打猎活动中遗留下来的"打猎舞"被列入贵州省非物质文化遗产名录。民间信仰作为民众的某种自觉，从诞生到现在，其演变过程漫长且复杂。改革开放后，国家致力于经济建设，许多农村人口进城务工，大量的瑶麓居民也进入城市，并接受了新观念的洗礼，回到家乡又继续影响着当地的老人，人们对既有传统的认知发生变化，必然引起了民间信仰的变迁。总结这种变迁能够发现，民间信仰的核心内容尚存，外在表现形式有所改变。如前文所述，先生遭遇了断代的危险、丧葬仪式逐渐简化，禁忌变得不再严明。

（二）经济与政治

1. Y村的经济活动与状况如下

（1）外出务工。Y村瑶族家庭主要的经济收入来自青壮年劳力外出务工所获得的报酬。这些瑶族青壮年在外主要从事建筑行业，广西、广东、

---

[1] 佟新：《人口社会学》，北京：北京大学出版社，2000年，第356页。
[2] 张祝平：《中国民间信仰的当代变迁与社会适应研究》，载《福建论坛》（人文社会科学版），2014年第2期。

山东、江苏等地皆有分布。就 Y 村大寨的整体风貌来讲，房屋进行了整体规划，外墙粉刷过，都是两层或三层的砖楼，一排排，一幢幢，看上去鳞次栉比。能够在大寨建房的人家或其他三个村寨搬来大寨住的人家，除了一些有正式工作的，其他大多数都是通过外出务工攒下了修房或买房的钱。Y 村主寨只有方圆四平方公里，四面环山，中间有三块平坝，适合发展农业。但人均耕地较少，不足一亩，且水资源较为匮乏。Y 村瑶民生产方式的变化是一种被迫的适应，对山地民族来说，具有典型性和普遍性。访谈得知，20 世纪 90 年代初，Y 村瑶民开始到东部沿海的工厂打工，工厂的工作稳定，但时间长，不自由。当地居民原本为狩猎族群，至今保留完整的"打猎舞"便是例证，定居在 Y 村之地的瑶人还是在耕作之余上山打猎。这种生活方式似乎与工厂里的朝九晚五略有相悖。除了外出务工，谈论 Y 村的经济发展，还需要关注农业、养殖业、集市贸易等。

课题组对 Y 村卢家组进行了入户调查，外出打工人员的人数及其受教育程度如下表：

教育程度	男	女	合计（人）
小学	6	8	14
初中	47	17	64
中专	2	0	2
大专	2	0	2
大学	0	1	1
合计	57	26	83

从表中呈现的比较简单的数据能够看出，2019 年 8 月份课题组做入户统计时，Y 村卢家组外出务工人员总人数为 83 人。进一步的调查得知，其中从事建筑类的为 61 人，占统计人数的 73.49%，从事制造行业的为 8 人，占统计人数的 9.63%，其他行业的为 14 人，占统计人数的 16.86%。卢家两个组户籍人口分别为 154 人和 117 人，加起来 271 人，也就是说，差不多有 30% 的人外出务工。卢家组外出打工的劳动力大部分文化程度不高，在劳动力就业市场上的竞争力有限，主要外出从事体

力劳动。整个Y村外出务工的情况大抵如是。通过访问了解到，整个村庄外出打工的人口占全村人口的比例为30%略强。如果家里有孩子上学或者要修房子的话基本都要外出打工以谋取更多的经济收入，一般情况下夫妻俩都去打工的话，每个月少则收入三四千，多则收入八九千。每个月除了基本的生活支出，其他的钱要留着给小孩读书或者储备起来用以将来修建房屋，外出打工已经成为当地很大一部分人的选择，并已经是普通农民家庭最主要收入来源。

（2）农业

种植业。根据村委会的统计资料，全村土地面积共2366亩，耕地面积1366亩，田地面积870亩，土地496亩。人均耕地面积0.92亩，经济作物700多亩。历史上，Y村瑶人主要种植水稻、苞谷、红薯等农作物。瑶麓地区缺水，土地相对贫瘠，农作物的产量低。转变为现代农业后，瑶麓社会的水稻耕作已经与周边汉族没有区别。大体经历相似的阶段：犁田、耙田、培秧、插秧、耘田、收割、储藏等。瑶麓社会的农业是典型的生态农业，精耕细作程度的提高只是意味着对生态改造的力度和深度加大，并不能超越生态的制约而发展，更没办法改变生态农业所具有的单一性和脆弱性。[1] 2019年，课题组进入Y村调研时，部分水田已经被抛荒。除了水稻外，苞谷的种植面积一度也比较大。据村里的老人讲，20世纪80年代中期以前，人们的主食是苞谷，80年代中期以后，主食变为大米，苞谷则主要用来喂养牲畜。小花生是当地的特色农产品，只适合在村庄辖区内的沙土地里种，拿到其他寨子去种植，口感会明显降低一个档次。一直以来，小花生的种植采用的是轮耕的方式，一年轮耕一次。每年三月份种植，七月份收获，一年一季。种子自己挑选，放到粮仓中储存。小花生的产量低，一亩地产量一般为一百多斤。每斤花生能卖到七八块钱，干的或炒过的每斤能卖到十五块钱。

近些年Y村也种植了其他一些经济作物：

---

[1] 彭兆荣、牟小磊、刘朝晖：《文化特例——黔南瑶麓社区的人类学研究》，贵阳：贵州人民出版社，1997年，第85—86页。

	时间（年）	流转土地（亩）	集体土地（亩）	目前状况
桑 树	2001—		170	大部分荒废，四个家庭种植、管理
甘 蔗	2012—2013		150	不再种植
葡 萄	2015—	50		剩两户种植，约10亩
百香果	2019	780		试图流转土地种植，完成不顺利
南 瓜	2019	30		正鼓励种植，农户意愿不强

从上表可知，新世纪以来，Y村尝试种植过多种经济作物。这些经济作物最终被农户种植，当地政府是主要的推手。换句话说，这些经济作物都是在地方政府的动员、鼓励之下落地Y村的。通过种植经济作物的方式提高农户的收入、带动当地的经济发展，思路正确，想法是好的。但从最终的结果来看，并不尽如人意。

养殖业。据课题组的统计，2019年8月份时，Y村养牛总数量近500头。当地的传统住宅为干栏式建筑，生态移民搬迁项目实施之前，人畜是同居的，楼上住人，楼下关牛。生态移民搬迁项目实施以后，专门在村寨附近建了几个牛棚，人畜已经分离。有一个明显的现象是，这些牛绝大部分是老年男性在养。他们通常早上去山上放牛，带着米饭，在山上解决午饭，晚上才回来。问及为什么没有青壮年回来规模性养殖，老人们的回答是：外面才能找到钱。养牛的成本很高，有风险，周期长，回报率也比较低。老人们闲着也是闲着，何况年轻时候是放惯了牛的，也不怕脏，有个事情做。

黑山羊养殖。Y村有一对夫妻没出去打工，在路边经营了一家早餐米粉店，同时饲养了黑山羊。羊种是从荔波调过来的，养大后有人专门来收购，也会零卖给附近的人。韦某表示，饲养的数量多时300多只，少了也有上百只。今年（2019年）卖了60多只，还剩59只。他已经养了十多年黑山羊，平均下来，每年能赚几万块钱，但养黑山羊还是比较辛苦的。

荔波土鸡与瑶山鸡饲养。Y村有个别家庭尝试规模养鸡，养殖的品种主要是荔波土鸡与瑶山鸡饲养。养殖场一般比较简易，建在山坡上、树林里或草地上。欧姓一户人家养了300多只土鸡，他们家经济条件较好，在公路边开了一个副食店,平时会从镇上进一些蔬菜来卖,有时也会杀了自家养的鸡一同卖。他家的养殖场建在离村不远的山坡上,早上将鸡放出鸡棚,让鸡自己去觅食。晚上再把鸡赶进棚里。每天还要再喂些玉米或米糠。通常一年能养三季。

旱鸭与鹅养殖。洞干组一户覃姓人家去县城接受了培训,回来建了两个大大的棚来养鸭和鹅。在旺季养有鸭和鹅各1000只,已经是养殖的专业户。养的鸭是肉鸭,大概三个月出栏,每年能养三批。家里会种一些苞谷,作饲料用。鸭棚需要看守,最开始覃某只在鸭棚旁搭了个简单的草房,后来建了两间砖房。平时就居住在砖房里。有事了才回到村里。

竹鼠养殖。目前村内有两户人家养竹鼠。其中一家租了打里组的天然溶洞作为养殖基地,这一家养了三四百只。竹鼠的主食是竹子,养殖户专门在自家地里种了竹子。竹鼠的市场价大约100元一斤,有外地的商家特地来此收购。在当地,酸竹鼠肉也算一道佳肴,当地的瑶人比较喜欢酸竹鼠肉这道菜,逢年过节,是招待客人的必备菜。

牛蛙养殖。Y村的洞干组建了一处牛蛙养殖基地。老板是浙江的一个商人,他来荔波考察,选择了这里。浙江老板以每亩500元的价格流转了村里80多亩土地。2017年年底,牛蛙养殖基地投产,为当地瑶人提供了一些做工的机会。

(3) 手工业

蜡染服饰。瑶麓居民的传统服饰经蜡染而成。当地瑶人喜欢穿青色,并因此得名。青瑶的"青"来自一种叫"蓝靛"的嫩牧草经过石灰发酵而成的蓝色汁液。一些老年女性还会制作传统服饰。有一位丈夫是退休科级干部的老年女性还应别人的要求专门制作了出售。村里几乎每一位瑶人都置办了传统服饰。访谈到的一位瑶族妇女说,衣服都是老人手工缝制的,不是机器缝制的。女士的衣服比较复杂,有穿在里面的小衣服和外面的外套。外面的一套布料还蛮厚的。这种传统的服装,穿在身上,流汗水时衣服上的染料会把皮肤染变色。现在市场上衣服布料的染色原料和传统的不一样。以前是有老人自己调制染料的;现在市场上有染料卖,大家都是去市场买。结婚、大型庆祝活动、重大节气时都会穿民族服装。比如去表演节目、过生日，外面的亲朋好友来了，也会穿；有人来参观，也要穿。

刺绣。瑶族女性会在服装、背牌等上面刺上各种图案。专门用于出售的刺绣作品并不常见。

竹编。有一些老人农闲或放牛间隙会用竹子编织一些器物拿到市场上去卖。一般会选用毛竹、白竹。编织的器物有竹扇子、虫笼、菜篮、米箩、鱼篓、鸡笼等。

（4）集市贸易

Y村没有发展出一个固定的商品交换场所，需要买或卖，要去镇上。路途约9公里，走路需两个小时左右，坐车要20多分钟，也有骑摩托车去的。路过Y村到镇上的车时间不固定，一天有四五趟。以前，由于地理环境和经济水平的限制，当地人的商品意识十分淡薄，基本的生活用品能够实现自给自足。目前，村民们每家自己会种蔬菜，也会到集市上买想吃的蔬菜，尤其在节假日以及客人光顾的时候。油、盐、糖、醋、酱等调料很难自给自足也需要购买。集市上可以售卖的东西种类多样，粮食、蔬菜、瓜果、工具、牲畜、衣物等都可。Y村村民有时也会拿自己吃不完的稻米或者米糠到集市上去售卖，米糠的价格每斤大约8角钱，稻米便宜时1块钱一斤，贵时3块。也有村民去市场上售卖自己养殖的牲畜、家禽。Y村主干道上现在也有一些村民开了小卖铺和其他的一些商店，小而全是这些小商店的基本特点。商铺规模都不是很大，据统计有15家个体工商户，大部分经营情况如下表：

序号	组别	经营地址	经营种类
1	上韦组	瑶麓大街	副食
2	上韦组	瑶麓大街	副食
3	上韦组	瑶麓大街	餐饮
4	上韦组	瑶麓大街	副食、餐饮
5	上韦组	瑶麓大街	副食、餐饮
6	上韦组	瑶麓大街	农资
7	上韦组	瑶麓大街	副食、百货

续表

序号	组别	经营地址	经营种类
8	欧家组	瑶麓大街	副食
9	欧家组	瑶麓大街	副食、餐饮
10	上韦组	永庆路	副食
11	下韦一组	永庆路	副食
12	卢家一组	永庆路	副食
13	上韦组	学校路口	副食
14	上韦组	学校门口	副食

售卖的东西从日常用品到饮料零食都有。在小商店兴起之前，有货郎定期挑货进村兜售，如今这种现象已经消失。村庄大街的末尾，还有一家建筑材料专卖店，其经营种类和价格如下表：

种类	价格	利润
钢筋	4000 元/吨	500 元/吨
水泥	400 元/吨	10—15 元/吨
砖	8 元/块	5 元/块
废铁	2000 元/吨	400 元/吨

老板不是Y村人，但与村里韦姓人家有亲戚关系。目前租用村里废弃的客运站来做生意，客运站占地面积4000多平方米，每年租金5万元，他拥有一辆挖掘机，价值约30万元；一辆铲车，价值约15万元；还有一辆大煤车，价值30多万。此店所售卖的砖是自己的小砖厂做的，雇了人帮忙。据老板自己说，他这家建材专卖店年利润约有10万元。

另外，Y村拥有丰富的民族文化旅游资源，诸如打猎舞、洞葬习俗、凿壁谈婚习俗等都非常独特，近些年，正在发展乡村旅游业。当地县政府制定了全域旅游发展规划，并将"生态立县、旅游强县"作为近期发展目标。就目前而言，景区还在打造的过程中，村民暂时还未从旅游发展中获得经济效益。

从上文对 Y 村整个经济状况的介绍能够看出，当前阶段，已经有一小部分人能够在当地通过做小买卖、种植经济作物或养殖等不同的方式获得不低于外出务工的收入。也已经有外出的经济人才以招商引资的形式融入到村庄的建设与发展之中。但是，这些留得下来的人往往处于原子化的状态，各自为战，各自挣扎，有的也需要身兼数职才能维持住基本的家庭收入水平。比如那些养殖户，市场抗风险能力整体比较弱。当地政府已经有了流转土地规模种植农作物的意识，但从土地里获得比较丰厚的利润的可能性不大，试验的项目取得的实际收益与预期收益之间存在差距。另外，这些留守的人、引进来的人与基层政府的工作人员、村庄的领导者之间还缺乏必要的整合与联动。这体现在那些引入的项目落地以后的艰难维持上。大部分人由在家务农到外出务工的生计方式的变迁，不过是近二十几年的事。据村里领导回忆，20世纪80年代，政府想在乡上开个代销点方便大家的生活，即使提供了相当优惠的条件，也没人愿意试一试。传统和历史会在潜移默化当中影响到当下的人们，商品经济大潮的冲击之下，即使不擅长或心存畏惧，即使与传统的认知相悖，当地瑶人也不得不主动去适应。

2. 传统民间习惯影响下的社区政治

(1) 瑶麓社会传统民间习惯概况

在贵州荔波 Y 村，生活着一群具有民族特色的瑶族，明代以前，荔波便有许多瑶族分布于此，形成了"八十二峒民"。[1] 访谈中，村民普遍认为，当地瑶族早先是从广西迁徙过来的，起初在荔波多地散居，最终居于 Y 村之所，这一说法与《荔波县志资料》的记载一致，"瑶麓乡瑶族，原散于瑶庆、水庆、水尧等乡……乃放弃各地，聚居于瑶麓。"[2]

最终定居在 Y 村的瑶族先民，面对外界的不断侵扰，认识到一个人的力量无法抵御外敌并保护好既有利益，为了使个体能在这片区域生活下去，他们团结在一起，为自己的利益、为集体的利益作斗争。在共同的目标之下，瑶麓先民团结成一个高度自治、高度团结的组织，这个组织有着

---

[1] 柏果成、史继忠、石海波：《贵州瑶族》，贵阳：贵州民族出版社，1990年，第2页。
[2] 贵州省荔波县地方志编纂委员会：《荔波县志》，北京：方志出版社，1997年，第198页。

自身的管理制度，凝聚出抵御外敌的能力。结合成团体的瑶族先民能够适应自然，以集体的力量来弥补个人的不足，并在矛盾冲突中寻求生存和发展。能够成为一个集体，意味着组织形式和行为规范的确立。行为准则是集体意志力的体现，生存环境的恶劣让作为个体的人举步维艰，但联合成一个集体的瑶族群众又需要统一的准则来协调、约束每个人的行为，以使个体能够服务于群体，石牌制度就是在此基础上产生的。石牌制度又叫石牌律，是一种原始的民主制度，瑶麓社会石牌制度的制定，全体人员都要参与商议。由瑶老头人带领大家在议事坪共同商议条款，每个人都可以表达自己的意见，极强的参与度也会让确定下来的条款得到人们的维护，愿意主动地遵守。会议通过以后，会将条约的内容刻在石碑之上，宣示石牌律的权威不可触犯，不可挑战，所以石牌制度也叫做石碑律。石牌制度作为一种传统民间习惯，它既是约束群体内部成员行为习惯的准则，也是团结整个集体的力量；既可以反映当地的社会制度、政治制度、经济生活，也可以反映当地瑶族风俗文化、婚姻制度，对于加强瑶族社会内部之间的联系以及加强自身团结、共同抵御外敌都有一定作用。[1] 石牌制度在瑶族地区的地位很高，老少妇孺皆知，大家也会主动遵守石牌制度的内容，所以在瑶族地区有着"石牌大过天"的说法。

　　石牌律产生的基础是瑶族的瑶老制度，瑶老制度是瑶族共同体在长期的历史发展中形成的内部管理制度，其存在功能，在于协调与控制，能够有效协调组织内部关系，规范组织行为，调动组织人员，控制社会成员，有效解决社会矛盾以及社会问题，长时间地保持民族的亲和度。Y村的瑶族共有六个姓氏，分别为覃姓、韦姓、卢姓、欧姓、常姓、莫姓，每个姓氏是一个氏族，在每一个氏族中会推选出本氏族的头人，六个头人之上会推选出一个管理六姓的总头人，这个总头人即为这个地方的瑶老。瑶老的选择有一定的标准，在这个群体中瑶老需要知识丰富，能力强，经验多，懂得当地的习俗、礼节、传统民间习惯，做人做事公正，重要的是，还要有足够的威信。瑶老负责维护群体的利益，解决纠纷，要有一定的威信才可能让社会成员信服并且愿意听从他的安排。威信与他人的信任是相互

---

[1] 周宗贤：《瑶族的石牌制度浅释》，载《民族学研究第二辑》，1981年，第151—160页。

的，两者相互作用，有威信的人，人们愿意信服，让人们信服的人也会越来越有威信。

瑶老制度与石牌制度的出现也意味着涉及治理的传统民间习惯的慢慢形成。传统民间习惯具有强烈的民主特性，人们愿意主动遵循、维护，传统民间习惯也为瑶族人民带来了好处：维护当地社会稳定。Y村瑶民迁来时间久远并且地处偏僻，国家法律到达之前或者国家法律起作用之前，就需要传统民间习惯维护当地的社会稳定。因为传统民间习惯的存在，人们在平时的行为习惯、行事作风、思想等方面都会严格要求自己，使自己不去触犯传统民间习惯。如果有人心中生出危害他人的想法、想要做出危害当地稳定的行为时，也会因为忌惮传统民间习惯的存在而放弃。当每个人都行为一致，不去伤害他人，当地便会形成祥和稳定的局面。当有人的确做了危害社会安定之事，也可以有处罚条例可供依凭，有规范可循。瑶麓社会实行严格的"四不通婚"制，禁止同宗共祖的人通婚，主要是为了避免近亲结婚。村民卢某贵违反了这个规定，擅自与覃家女子结婚，最后全族商议，革除此人族籍，后立"永留后代碑"警示后人。另一个好处：能作为相关法律的辅助补充。法治是少数民族权利保护和提高民族事务治理能力的必然选择，瑶麓社会地处偏远，人们的法律意识有待加强，传统民间习惯可以作为相关法律的补充达到维护当地社会稳定的目的。

(2) 当下瑶麓社区的治理概况

乡村治理的有效性体现在社会稳定和谐的程度上，社会的稳定是人们安居乐业的基础，治理的有效性还体现在社会的良性运行上，社会的良性运行是人们提高生活水平的保障。一个地方的治理情况，受自身内部的社会力量影响，也受外部国家力量的影响。各个因素共同作用，能使这个地区的群众生活安居乐业，经济水平不断提高，治安稳定。群众之间团结，老百姓拥护国家拥护党，国家政策可以顺利实施，这样的治理面貌就是有效并且值得其他地方借鉴的。传统民间习惯对于乡村治理的影响有积极的一面也有消极的一面。

近年来，Y村采取"党带群，强带弱，五户一代表，干部一帮十，贫困人口因户施策"等精准扶贫模式，通过产业扶贫、易地搬迁、教育帮扶、医疗帮扶、结对帮扶等措施，发挥党建扶贫，群众自身抱团的优势作用，带动贫困户脱贫致富。扶贫工作开展以来，村中实现了村村通路的目标，水、电、路灯等基础设施已经得到很大的完善。当课题组进入村庄，映入眼帘的是排排整齐的房屋，街道修整完善，几乎看不到泥泞小路。在入住的村民家，可以亲身感受到，在精准扶贫政策的帮助下村民家中翻天覆地的变化，家中卫生间整洁、厨房设施齐备、人们生活水平得到很大提高，村中排水系统完善，搬迁群众住房安全得到保障，饮水、出行、用电等基本生活条件得到明显改善。脱贫攻坚产业项目也已覆盖（表格由村委会提供的资料汇总而成）：

脱贫攻坚产业项目覆盖一览表

序号	项目名称	受益面	实施年度
1	养鸡项目	14户68人	2016
2	养鸡项目	25户104人	2016
3	2016年第二批发展资金养牛项目	16户62人	2016
4	2017年养牛项目	13户44人	2017
5	2017年养猪项目	13户51人	2017
6	2017年养鸡项目	18户51人	2017
7	2017年第二批养牛计划	5户18人	2017
8	2017年第三批养牛计划	3户10人	2017
9	入股分红	10户31人	2017
10	入股分红	10户18人	2018
11	入股分红	26户72人	2019
12	养鸡项目	1户5人	2019
		合计：154户534人	

在瑶麓社区，产业扶贫之中效果最为显著的是养殖业与种植业，养殖方面，村民可以在政府的帮助下争取到养鸡、养鸭、养牛、种桑养蚕、养蜜蜂等项目。贫困户到镇上发放地点领取鸡苗，根据家庭情况领取几十只不等，属于小规模的养殖；养猪，对贫困户提供1000元的启动资金或免费

发放两头小猪仔；养牛，对养殖户饲养每头牛补助4000元。种植方面则有小花生、甘蔗、葡萄、百香果等项目，政府为村民提供技术指导、种子、肥料，并负责销售，村民负责种植、看护、采摘。

当前，Y村开展了教育扶贫，村庄因学致贫22户102人，在教育保障方面，2019年贫困户中均无义务教育阶段辍学学生，高中及以上在读建档立卡贫困学生均已享受教育资助帮扶。2015年以来全村教育资助共计86人次，资助金额24.329万元。

教育扶贫情况表

年度	合计 人次	合计 金额（万元）	中职（1900/生）		高中（1900/生）		大专（4500/生）		本科（4830/生）	
2015	22	6.198	6	1.14	9	1.71	1	4.5	6	2.898
2016	17	4.662	2	0.38	10	1.9	1	0.45	4	1.932
2017	21	6.008	3	0.57	11	2.09	1	0.45	6	2.898
2018	26	7.461	4	0.76	8	1.52	4	1.8	7	3.381
合计	86	24.329	15	2.85	38	7.22	7	3.15	23	11.109

表格数据来源于村委会

除此之外，村庄进行了易地扶贫搬迁，周围村民大多已经搬到大寨之中居住。

采取一切方法解决村民的贫困问题，精准扶贫在瑶麓社区实施的力度大，程度深，范围广，村民配合度高，积极主动拥护各项政策，各项政策能够准确有效地到达每一户人家，落实到每一个村民。访谈中了解到，Y村村民会继续延续以前的传统，用石牌的方式来记叙重大事件，如之前的"求留后记碑""教育碑"等，在实现脱贫之后也会用石碑来记叙这一重大历史事件。

瑶麓社区内部的和谐稳定。因为地处偏远，历史上瑶麓社区长期处于自治状态，由瑶族头人带领大家共同生活在特定的人文与自然环境之中，长期的共同生活催生出适合本地区的传统民间习惯，传统民间习惯的约束造就了一种稳定的社会结构。到了现代社会，潜意识里人们还会遵循传统民间习惯的约束，尊重带领人的决定，很少会产生逆反心理，这样的思维方式使得这个地区的社会一直处于稳定状态，没有出现较大社会治安问题以及激烈的干群矛盾。

瑶麓社区从1984年建乡以来就制定了村规民约，但传统民间习惯在此地影响深远，村规民约的制定也以一定的传统民间习惯为基础，课题组调查到2017年和2019年的两份村规民约，从中可以看到传统民间习惯在其中的延续。调研期间观摩到一次关于卫生评比的小组会议，参会人员包括小组长和小组村民，由小组长和村委工作人员向村民讲解会议内容及要求，向村民传达村委会的会议内容，村民也积极参与会议。可以看出村干部和村民之间工作的配合度以及村民对村委工作的支持度都是很高的，干部和群众之间相互理解没有太多矛盾。

L村目前共有13个村民小组，截至2019年5月统计，全村总人口为392户1619人，其中农业人口为1539人。人口较少，管理较为方便。除此之外，国家也会给予大量的政策支持，村庄能够采取"党带群，强带弱，五户一代表，干部一帮十，贫困人口因户施策"等精准扶贫的模式，很大程度上也是基于此地人口较少，这样的政策可以直接到达每一户每一个人。其中有一个项目是结对帮扶，要做到每一个行政村都有县级领导和部门挂联，每一个贫困村都有驻村第一书记、脱贫攻坚队员、包村驻村干部，每一户贫困户都有干部结对帮扶。在Y村，帮扶干部有荔波县安监局、煤安局工作人员、执法分局工作人员、县中医院工作人员、茂兰镇集镇中心工作人员、村两委领导班子成员。人口少也便于结对帮扶工作的开展，政策信息入户也方便。

Y村的治理现状对其他民族地区乡村具有借鉴意义，人们的惯性思维使得他们愿意配合当地干部开展工作，如同以前对瑶老头人的配合一般，村民对村干部的配合以及对政策的支持都有高度的自觉，双方共同的配合让Y村的治理较为有效。群众对村干部的工作积极配合，愿意遵守村规民约，村干部也会主动去理解并体谅村民的难处。Y村的治理实践可以作为一个典型案例进一步解读。

(3) 治理效度分析。

L村是个瑶族社区,"石牌大过天"的说法一度在民间流传。作为一种传统民间习惯的石牌制度,其影响已经深入瑶族人生活的方方面面。瑶麓社区传统民间习惯的存续,保障了村庄内部一直以来的安定和谐,凝聚了瑶族人民的心。当地民众共同抵御外敌入侵,保护自己的利益,维护一方水土的稳定。对漠视传统民间习惯、触犯石牌制度的人,轻则以"吃酉"作为惩罚,重则开除族籍。"吃酉"是常见的惩罚方式,犯错的一方需要承受全村人到自己家吃饭的惩罚,时间几天不等,村民吃完还会带走一部分,如果自己家中没有粮食还可能连累亲戚。这样的惩罚对经济条件落后的瑶麓社区的每一个家庭来说都是难以承受的,连累了亲戚还会遭到嫌弃,因此人们不会轻易去违反当地的传统民间习惯。开除族籍是最重的惩罚,瑶麓社区曾经有覃卢两姓不通婚的规定,从相关的记载中了解到,当地有一个叫卢某贵的人与一名覃家女子相恋,还未征求大家的同意就私自与覃姓女子在一起,虽然"生米煮成熟饭",但瑶老们商议后还是决定开除他的族籍,并且不允许亲戚朋友为他提供帮助。这就是当地对违反传统民间习惯的惩罚,如此严重的惩罚导致人们不会轻易去触犯。执行惩罚的瑶老也是当地人通过民主方式选举出来的,人们对传统民间习惯和瑶老们集体的决定是拥护和信任的。

到了现代社会,传统民间习惯的影响不可能完全消失,它还是会以各种形式存在于人们的生活之中。人们的行为、思想还是会受到它的影响,这个也体现在如今村民对制定村规民约的支持上。从调查中收集到的资料来看,不管是在2017年还是在2019年的村规民约中,都有大量的内容涉及村民对环境保护的责任。

如2017年颁布的第十条:"我村森林山地被列为'国家重点公益林管护区'后,为加强护林防火和消防安全工作力度,保护森林资源,消除火灾隐患,有下列情况的作出以下处理:任何单位、组织或个人不得在村管辖区内实施滥砍滥伐行为,违者没收所砍伐木柴,并处100—500元的罚款,情节严重的送交林业公安部门处理……"还有许多条约都对破坏环境者作出了严格的处罚规定。禁止乱砍滥伐与当地保护生态的传统民间习惯一致，瑶麓社区立过生态碑，从侧面也可以看出传统民间习惯的延续性，那些有利于地方社会发展的条例，并不会随着时间的流逝而消失，它会一直存在、继续作用于此地。诸如此类的村规民约还有很多，即使现在很少出现"吃酉"的惩罚，但人们还是会自觉维护。

传统民间习惯毕竟是以前社会的产物，不可能一直适用于现代社会，否则很多内容也不会被淘汰。瑶麓社区人们曾经对头人、瑶老有依赖之心，只要瑶老不做违背大家意愿的事，人们基本上不会反抗。到了现代社会，国家任命的村领导也是有威望之人，村民对他们的态度没变，认为只是换了个称呼而已，实际上与以前的瑶老一样，都极为受人尊重。建立民族乡后，瑶麓社区受到重视，政治地位有一定的提高，瑶族人民对国家对政府心存感激，对国家对政府的认同感也很高。

瑶麓社区地处偏远，旅游资源没有被破坏，且这个地方具有民族特色，当地政府决定在此地发展旅游来增加居民的收入。在政府和群众的共同努力之下，现在Y村已经是3A级景区，旅游资源有打猎舞、洞葬习俗、波野瀑布、阴井阳井等。但是正是因为上面提及的原因，传统民间习惯对开发旅游产生了不利的影响。因为对政府工作配合度高，村民们极其依赖政府，旅游开发的各个环节都属于政府行为，村民只是配合，甚至是默然，不会对政府行为进行过多负面评价，不会大谈好与坏，Y村的旅游开发没有完全做到与当地民族文化的有机结合，只是某种嵌合。当地政府在打造乡村旅游业这个项目上投入大量的资金，却没有融入更多的瑶族文化，群众也没有积极参与其中，旅游开发短期内不会带来太多经济效益，如今只是有名无实。调查期间，课题组成员进行了参与观察，旅游景区的设置没有太多特色，显得千篇一律，类似的景点在附近其他民族乡村也能找到。去看阴井阳井等景点时，发现道路好像没人打理，能够看出很久没人去过，到了井边，落叶遍布，井水水位低，没人看管，这样的环境并不像一个景点。Y村打造的其他景点和此处也差不多。打猎舞团队建设情况也不容乐观，村中有活动的时候才会有人表演，表演的人也不专业，很多是小学生和老年村民，打猎舞的传承人也不在村里居住。当地瑶族文化中除了打猎舞，比较有特色的还有洞葬习俗，但仅仅靠展示静态的洞葬点是支撑不了整个景区的运转的。

应该结合当前的治理理念,对瑶麓社区存在的传统民间习惯重新加以审视,取其精华去其糟粕。传统民间习惯中也有很多值得继续沿用的部分,比如保护当地的环境、维护当地的治安、阻止村民的一些不当行为等,都可以继续以一种新的形式存在于现在的治理之中。不管是传统民间习惯本身还是人们对它的信任以及习惯,今天的治理实践都不可能完全回避。瑶麓社区作为一个典型的民族社区,其治理实践关系着国家的法治化建设,也反映着民族地区民族关系的和谐程度。民族问题治理吸纳本土资源有利于民族的团结,吸纳本土资源作为治理资源,既可以有效治理农村问题,保护与传承优秀传统文化,也可以减少相应的矛盾和成本。

虽然传统民间习惯的有利之处不少,但也要重视筛选,并不是所有传统民间习惯都能适应现在的社会治理实践,瑶麓社区村民对政府有依赖,这或许有利于政策的落实,但信任有时候无法产生监督。当地的旅游规划并没有采取社区参与的方式,村民对旅游项目没有自己的意见,参与程度也不高,这些原因导致旅游开发没有达到预期的效果,大量资金的投入并没有换来相应的收益,后期维护少,过一段时间就不了了之。从这一点来看,正是由于传统民间习惯的存在,村民对政府行为普遍缺乏监督、对基层政府保持着信任,导致旅游开发项目上参与度较低。针对旅游开发这个项目,从治理的角度来看,主体与主体之间并不对等。当然,不能因为看到不利的一面就漠视传统民间习惯的存在、否定传统民间习惯对人们潜移默化的影响。

(三)社会生活

一直以来,缺水都是 Y 村面临的一个重要难题。当地居民曾长期饮用井水。井有阳井、阴井之别。所谓阳井,就是喀斯特地区特有的溶洞,下雨时洞内积水;阴井是人工井,村民为了饮水专门打的,只是通常阴井水的水量有限,不够用。20 世纪 80 年代,修了水渠,从附近村子引水来灌溉农田。1998 年,煤矿大量开采,使水渠水质遭到破坏,村民无法使用水渠水,只能再次与附近村庄商量,建自来水水库,向县政府申请资金,铺设约9公里的钢铁水管。从1998年到2012年，自来水库管理权在村里，由村上负责收费，每吨0.6元。2012年后交由县水务公司管理，水价上调至1.6元每吨。水管时有破裂，维修难度加大。2015年，水务公司另引水源，铺设新的管道，但工程进展缓慢。覃家三组自发组织，自行筹资在洞干（原住址）后背山上建了水库。1996年，村里实现组组通公路。918县道直穿大寨。目前各巷道之间，村落各个步道之间全部硬化完成。1996年，Y村100%通电工程竣工。目前，电信网络已经进入村庄，除了洞闷组未覆盖4G网络外，其余各组均覆盖。

Y村设有卫生室一所，配有专职医务人员一名。农村合作医疗人员参与率达到100%。伴随精准扶贫战略的实施，每家每户都配备了家庭医生。感冒、发炎、跌打损伤等常见伤病，可在村里卫生室直接诊断。当地还有几个经验丰富的民间草医，各有专长，不轻易施治，不商业化行医，他们用的药材都是从周边山上采来的，普通病症、疑难杂症皆可治疗。据当地人介绍，其中一位覃老先生医术了得，以前有一个人摔断脊椎，命悬一线，连权威医院都已无力回天，患者家人走投无路，决定死马当活马医，找到了老先生，结果被老先生一个星期治好，现在被治愈的那个人还经常带着东西来看望老先生，感谢救命之恩。

为响应上级号召，提升人民生活环境，"厕所革命"已经在Y村着手落实并取得成效，家家户户都配有独立卫生间，景区内也有公共厕所，现已无室外茅厕。娱乐场所共有两处，一是村小学内操场，二是景区大广场。大寨整体卫生情况较好，但周围及其他偏远小组仍有乱倾倒和焚烧垃圾现象。大寨主干道路旁设置有垃圾桶4个，大寨内设有大型垃圾箱4个。目前，村内每家每户的生活垃圾由环卫工人定期收集，最终运往隔壁王家寨统一系填埋，运送垃圾的环卫车由镇政府资助，村里统一安排，每家每户一个月需交15块的卫生费。这种安排只针对大寨，打里、洞闷、洞干因距离较远不做要求。大寨配有环卫工人两名，一人负责县道一段，一人负责村街。环卫工人每日早上6点出勤，由村委发放工资每月1000元。通过走访观察，很多村民家里都会把可回收利用的废品收集起来卖给废品收购站，这不仅有利于环境保护，还能为家庭增加一点收入。

较早引入和接受教育是当地人比较骄傲的一件事。民国二十五年（1936年），贵州省政府教育厅在民族聚居区创办了12所省立苗民小学，其中一所设立在附近的水庆乡，当时瑶族的头人覃某出于教化族民的考虑，请示上级以后，在Y村建立了分校。民国二十七年（1938年），省立苗民小学获得胡文虎、胡文豹两位先生资助，当地的苗民小学搬到Y村，进行了重建。苗民小学得到胡氏兄弟在校舍修建、设备采购、教务、医疗、食宿等多方面的资金支持，新建的校舍气势恢宏，图书资料、教学设备配套齐全，师资力量强大，教学水平高，办学经费充裕，吸引了许多当地及周边"苗民"入学，是相邻地区颇有名气的一所近代正规学校。近些年，Y村的教育水平有了较大改观，儿童入学率达到100%。在村小学毕业后，学生统一到镇上继续读初中，初中毕业后，前往县城或其他地区接受高中教育，读书气氛比较热烈。继续深造的学生较多，读大学不再是稀罕事。教育普及与经济发展相辅相成，村口早食店老板在访谈中，表达了这样的观点："我们做父母的，就是希望子女能出人头地，像我们这种人，后代最大的出路就是读书，我们努力赚钱，就是为了他们能接受更好的教育，不被别人看不起。我自己有一个正在读高三的女儿和一个上初中的儿子，女儿在县城一所私立学校读高中，私立学校是封闭式管理，教育水平高一些，但每年光是学费就要一万多。如果学习效果好的话，等女儿考上大学，就把儿子也送过去。"

Y村共有六个姓氏，家族内部自我管理，外部协调统一。土地集体所有，每个坝区，每个鱼塘都被公平划分，资源共享。不同家族通婚，构成姻亲关系网，加强了村民间的联系，使得熟人社会更加稳定。互帮互助的生产方式既保证了村落发展基本物质需要，还加强了信任感。农忙时，家族间根据安排，"举家帮忙，劳力互换"，集中在一家进行农事活动，依次循环，既有效率，也不误农时。农闲时节，村民被动员起来开展植树造林、修筑公路等公共事宜。历史上，当地瑶族长期实行内婚制，血亲关系、姻亲关系、地缘关系相互交错，再加上语言上与周边村落其他民族之间的区隔，使得Y村内部的整体感较强。这种整体感在当前的社会发展中还一定程度地保留着。

三、乡村振兴的可能路径与人才融入

（一）V2 类村庄乡村振兴的可能路径

V2 类村庄的总体特点是机械结合程度高、非可持续。这类村庄在民族地区四类村庄中占比也相当大。非可持续，说明目前阶段此类村庄中的绝大多数家庭还是主要依靠劳动力输出的方式维持生计。机械结合程度高，说明目前阶段村庄内部的社会关联还较强，既有的传统观念还会在当下的社会交往中起到一定的作用，核心家庭之外，人们依然愿意将自己和自己的家庭归属于某个更大的诸如家族、宗族等群体之中。

既然 V2 类村庄属于非可持续型村庄，那么 V2 类村庄的振兴要么会纳入某种地方整合之中，要么需要改变这种不可持续，使村庄获得一部分的可持续性。长时间大规模的外出务工势必会带来人口的永久外流，只是永久外流的速度和数量不同时间点上会有不同。上文系统介绍了案例点 Y 村的乡村振兴现状。如果要将非可持续的状态转化为可持续状态，村庄势必要在产业发展上下功夫。产业的发展及兴旺才能带动一部分劳动力的本地化就业，这样才能让村庄维持一定的人口规模，才能留住一部分青壮年劳力，才有可能谈村庄的振兴。Y 村周围本来有一些矿产资源，但因为被划入生态环境保护区，不能再开采。如上文的介绍，村里也在尝试流转土地，发展种植业和养殖业。比如集中土地种植百香果，比如流转土地转租给商户养殖牛蛙。这些尝试能够为村民提供一些就业机会。外来企业会招募村民为种植的百香果除草施肥，牛蛙养殖者也会雇村民帮工。只是提供的就业机会是比较少的。一些村民尝试以家庭为单位自己发展养殖业或进行经济作物种植。比如卢家一组卢某在打里组的一个溶洞里养竹鼠。洞干组的一户覃姓人家则是鸭鹅养殖专业户。上韦组有一家养鸡专业户。欧家组有一家葡萄种植专业户。这些以家庭为单位的种植和养殖，基本不募工，解决的是本家庭人员的就业。获取到的收益也是不固定的，存在一定的市场风险。有时候辛辛苦苦一年，赚不到什么钱。

另外，除了落实主要依靠种植和养殖的产业发展措施以外，村里最为重要的促进产业兴旺的举措是发展乡村旅游业。2015 年，Y 村所在县下发了县委关于实施全域旅游发展战略的决定。每个乡镇都做了相应的旅游规划，并开始打造旅游景点。在全域旅游项目 2016—2025 建设计划立项书中，涉及 Y 村的有四个："中国青瑶第一寨"民族生态文化旅游产业建设项目、民族风情街项目、青瑶民族表演队项目、洞闷休闲山庄项目。四个项目的投资规模分别为：35000 万元、3500 万元、1000 万元、1500 万元。到 2019 年 8 月份，"中国青瑶第一寨"民族生态文化旅游产业项目已经基本建设完成并通过了 AAA 级景区的验收。但是，景区虽已验收，却并没有真正运营起来。景区缺乏相应的配套设施，既无酒店也无饭店。很少有游客来参观，游客接待中心关着门，厕所也上了锁。课题组调研期间，停车场上晒满了玉米，人工湖里长满了水草。进一步的走访调查得知，为了配合县上的全域旅游决议，Y 村所在镇也需打造 AAA 级的旅游景点，因为当地的民族文化具有特色，故将地点选在 Y 村。项目虽然是个大项目，但镇上负责筹建、实施这个项目的干部却很少。在项目开展之初，镇上负责的干部也曾召集相关群众座谈，了解当地瑶族的民族传统文化，几个关心文化传承的本民族的知识分子也提了建议。但打造出来之后，民族文化的元素还是相对较少。Y 村驻村干部和村领导的解释是，开发旅游是个专业的事，除非找专业的旅游公司进行规划，否则就靠政府内部的几个人，执行起来很难。政府负责的同志也明白，当地瑶族显在的文化符号都有哪些，但真到搞的时候，确搞不出来。镇上也没那么多钱，资金都是通过招商引资的形式筹措的。旅游开发先期投入甚多，而在 Y 村投资，无疑风险较大。正因为资金的相对有限，完全转包给旅游公司也不太可行。而且，群众对开发旅游是陌生的，不想参与进来。民族表演队项目实施中遇到的困境便是：除了在本地有正式工作的村民，其他绝大部分中青年都在外出打工。打造这样一个表演队，对群众来讲，短时期内产生收益的可能性很小。没有利益驱动，群众更愿意去南宁、广州等大城市去寻找谋生的机会。

采访到的一个农户说："这个（旅游开发）是政府弄的，群众没人管。（政府）征用了公共鱼塘，说是后面有补助。验收的时候，专家提及没体现出民族特色，政府就花 20 万元搞了广场上跳打猎舞的那个雕塑。而那个鸟笼建筑是个厕所。那里本来就是厕所，为了开发旅游，又想节约成本，又想着当地瑶人喜欢喂鸟、斗鸟，就在厕所外面套了个鸟笼壳子。(厕所) 里面没动，还是上下层，上层男厕，下层女厕。后来验收没通过，说是男女厕所不能建一块，就又在鸟笼旁边修了个男厕所，风格不一样，看起来挺怪异。群众没人操心这些。荷花池到篮球场，不是有几级台阶吗？那几块青石是从群众家里买的，以前的木头房子，从地面到门槛砌的都是那种青石头。青石块，踩了几十年，配上木房子看着是协调的。现在安在景区里，只（有）三四块，其它地方又都是水泥地面，看着突兀，挺怪异。这些，群众也不懂，只是瞎议论。"

依托较为独特的民族文化资源，在当地政府的大力支持下 Y 村 AAA 级景区已经创建成功。下一步将会继续打造 AAAA 级景区。AAA 级景区的创建主要靠政府的投资，下一步 AAAA 级景区的打造也只能靠政府的追加投资。就目前而言，Y 村的村民还没办法从景区的经营中获益。跳出 Y 村，从民族地区整个 V2 类村庄来看，并不能把乡村旅游当作民族地区 V2 类乡村振兴的不二法宝。乡村旅游先期投资比较大，不是所有具有民族文化资源的村庄都可以发展乡村旅游，适不适合、可不可行要进行必要的论证。

如果无法实现非可持续向可持续的转变，V2 类村庄还可以在政府的宏观规划下融入社区整合之中。若要社区整合，势必会面临拆迁、合并。而 V2 类村庄又是机械结合程度高的村庄，机械结合程度高，内部的社会网络连接较强，情感归属也较强，如果要进行拆迁、合并、整合，如何来处理这种情感关联将会是比较棘手的事。就案例点而言，乡村振兴的路径最可能还是将非可持续转化为可持续。Y 村为瑶族村寨，有自己的语言和文化，周边的村寨主要是水族和布依族村寨，虽然现在民族文化正在地方化，也没有必要强行进行合村并居。当然这只是就案例点而言。要想办法实现产业的发展，实现多种经营，无论种植业、养殖业还是新进投资的旅游业。尤其旅游业，让普通村民能够从产业中获益，能够解决劳动力的就业，这样的旅游业才是村庄需要的旅游业，这样的旅游业才能用兴旺来形容。

（二）V2 类村庄人才融入的特点及注意事项

V2 类村庄机械结合程度高、非可持续。这类村庄中的青壮年劳力大部分离开了家乡，需要到异地谋生。一般而言，这类村庄中的人才数量不会多，人才的类型也可能较少，或者，留在村庄里的人才会出现重叠的现象，比如，某人既当村干部又经营超市还种植经济作物等。这类村庄的秩序主要由治理人才或管理人才在维持，普通村民对治理人才比较信任，治理人才能够在政府和基层民众中间起到上传下达的作用。治理人才的权威性还在。经济人才可能比较少，有的话，可能也是外来的土地承包商、养殖大户等，本地的经济人才较少，能够发挥带头致富效应的经济人才更少。如果本地的经济人才是通过外出谋生的方式获得经济利益的话，他们更倾向于迁出村庄，在城市定居。村庄内知识/技术人才也不会多，话语权也不会大。管理人才或治理人才内部可能没有什么竞争性，治理人才与非治理人才之间也不大可能有什么竞争性。

因为机械结合程度高，V2 类村庄内培人才的融入是可能具有某种积极性的。只要动员得当，一部分外出人才也会愿意回来建设家乡。V2 类村庄的人才融入要打"感情牌"，还要注意外来人才与内培人才之间的磨合，外来人才与村庄民众的沟通，注意各类外出人才尤其经济人才、行政人才的回引。经济人才能对村庄的产业振兴起到直接的促进作用，行政人才则有可能开展招商引资，有可能从政府部门申请来村庄发展资源。如果 V2 类村庄要进行整合，那么人才的融入需要全盘考虑，外出人才不一定回到原村寨，社区的整合还需要情感关系的重新建构。知识人才、地方文化人才要在整合的过程中扮演好润滑的角色。如果 V2 类村庄要从非可持续转化成可持续，那势必要加强对内培人才的培训，对外出人才的吸纳。对外出人才的引流可制定相应激励政策，可给以适当的荣誉称号。还是以案例点为例。历史上，瑶人在当地的族群关系中，长期处于劣势地位。地位上的不平等，使得当地瑶人的文化相对保守，不愿跟外族过多接触。共产党领导的新政权改变了这种境况，建立了民族乡，提高了瑶人的政治地位。瑶人从一开始就是拥护共产党的。

几十年来，作为一个只有千余口人的乡或村，案例点走出了相比其他村庄更大比例的民族干部。据课题组不完全统计，Y村在外任职、具有公务员或事业编制的人员（已去世的不计入），至少有56人，其中卢姓17人，覃姓15人，韦姓18人，欧姓5人，常姓1人。其中还不包括在卫生系统工作的14人，在国企工作的5人，在村级单位工作的5人，以及政府部门的临聘人员。Y村的人口有限，族内通婚又导致村内关系紧密，可以这么说，Y村的每一户居民都有亲人或亲戚在政府部门任职，有的还不止一个。民族干部是政府与瑶麓社区沟通的桥梁。通过民族干部的连接，政府与当地瑶人的关系也紧密起来。理论上讲，一个小社区中，关心政治、热心公共事业的人也是有限的。在这有限的人中，如果大部分被吸纳进了政府系统，同时，这个小社区又因为血亲、姻亲关系而紧密相连，那么，能够预期，在这个社区，政府的执行力是强的，同时，社区对政府的依赖性也是强的。Y村的治理实践印证了这一点。国家的惠农支农强农的政策能够落实，从这个层面上讲，Y村的治理是有效的。Y村曾是贵州最小的民族乡，之所以人口不多，还以乡的建制存在了60余年，恰恰是它的独特所在。作为瑶族的一个支系，它的唯一性同时也是典型性。乡的建制让当地瑶人感受到了国家的在场。几十年的民族区域自治，瑶麓民众切切实实获得诸多恩惠的同时，也产生了对国家和执政者的政治认同。相比周围其他村庄，Y村村民在各级政府部门任职的人数比例较高。治理的有效性就体现在当地瑶人的这种政治认同、政治参与以及对国家政策身体力行的拥护上。但上文有关旅游开发的例子也迫使我们反思"指导性变迁"[1]可能带来的不良后果。在打造"中国青瑶第一寨"旅游项目的过程中，不能说没有协商，但无论协商是实质性的还是表面性的，"项目"与"人"的脱钩都已明显表现出来。旅游研究中，社区参与理论一直强调当地人参与的重要性，甚至认为，社区参与旅游发展的强度是与族群文化保护的程度正相关的。[2]但Y村的旅游开发恰恰缺乏的是当地人的参与。当地瑶人

---

[1] 彭兆荣、牟小磊、刘朝晖：《文化特例——黔南瑶麓社区的人类学研究》，贵阳：贵州人民出版社，1997年，第262～268页。

[2] 孙九霞：《社区参与旅游与族群文化保护：类型与逻辑关联》，载《思想战线》，2013年第3期。

"无感"于乡村旅游业的打造，一方面源于对"指导性变迁"的依赖，另一方面也与价值观念上的保守以及面对新兴事物的不知所措和茫然有关。《村规民约》与"红十二条"仿效的是历史上的石牌律令，激活的是瑶麓人内心深处的民主观念，但这种民主是以血缘氏族为基础的，具有原始民主的性质。而现代民主或村民自治意义上的民主则建基于地域和个人权利之上。乡村振兴虽然是国家主导的宏观战略，但乡村振兴不仅仅是政府的事，乡村振兴的第一主体是乡村里生活着的人们。农民一定要参与到乡村振兴战略实施的过程中来。农民中的人才，民族地区的地方人才更要参与到乡村振兴中来。Y村乡村旅游业的打造历程揭示了这样的道理，外出人才需要动员，要鼓励他们建言献策，内培人才需要跟政府之间进行更深度的交流和合作。民族地区V2类村庄想要振兴，更需地方治理人才与村庄各类人才的协商联动。地方政府的治理人才要转变工作思路，变"指导性"变迁为"协商性"变迁。指导性的工作思路强调救济，有主客体之分，短时期内可能有利于风貌的快速变化。但长远看来，不利于资源受体内源性发展力量的孕育与生成。上述Y村，之所以要结合瑶族的文化特色来打造旅游业，正是因为，最终，旅游开发是为了那些生活在当地的瑶族民众，是为了他们能富裕起来，更加幸福起来。那么，毫无疑问，当地瑶人也应该成为旅游开发的参与者。即使囿于观念和短期利益之考量，他们作壁上观，也应通过村庄人才的帮助努力培养他们新的发展意识。

四、小结

V2类村庄指的是机械结合程度高、非可持续型村庄。机械结合程度高，说明这类村庄的内部团结感较强。这种团结感一般来自传统，来自血缘纽带，或拟血缘关系。非可持续，意味着V2类村庄一段时间内人口迁出较大或者某个时间点上外出务工者占总人口比例较大。V2类村庄的振兴要么会纳入某种地方整合之中，要么需要改变这种非可持续性，使村庄获得一部分的可持续性。如果要将非可持续的状态转化为可持续状态，村庄势必要在产业发展上下功夫。产业的发展及兴旺才能带动一部分劳动力的本地化就业，这样才能让村庄维持一定的人口规模，才能留住一部分青壮年劳力。若要社区整合，势必会面临拆迁、合并。而V2类村庄机械结合程度高，内部的社会网络连接较强，情感归属也较强，如果要进行拆迁、合并、整合，如何来处理这种情感关联将会是比较棘手的事。V2类村庄内培人才的融入可能具有某种积极性。只要动员得当，一部分外出人才也会愿意回来建设家乡。V2类村庄的人才融入要打"感情牌"，还要注意外来人才与内培人才之间的磨合，外来人才与村庄民众的沟通，注意各类外出人才尤其经济人才、行政人才的回引。经济人才能对村庄的产业振兴起到直接的促进作用，行政人才则有可能开展招商引资、有可能从政府部门申请来各类村庄发展资源。对外出人才的引流可制定相应激励政策，可给以适当的荣誉称号。

第五章 人才与 V3 类村庄

一、引言

V3 类村庄指的是那些机械结合程度低、可持续型村庄。一部分集聚提升类村庄属于这个类型，大部分搬迁撤并类、城郊融合类村庄也属于这个类型。机械结合程度低，说明传统意义上村庄内部人与人之间的联结已经松动，空间不再是单纯的时间的延续。以血缘作为划分标准的村庄社会的"差序格局"不再明显。村庄社会的原子化程度加深，核心家庭可能成为新的边界单位。机械结合程度低，可能也意味着村庄正处于某种转型之中，即从传统意义上的血缘社区到注重权利与义务观念的空间社区的转型。可持续，意味着 V3 类村庄一段时间内人口迁出量较少或者某个时间点上背井离乡远赴外地务工者占总人口比例较小。也就是说，有占一定比例的人口在当前或眼见的未来能够实现本地化的生存。一般而言，V3 类村庄周围会建有能够吸纳劳动力的企业、工厂，或本身地理位置较好，一些村民能就近灵活就业。

案例点是个移民搬迁社区。移民是陆续从不同村庄搬迁到移民社区的。原有村庄的社会结构被打破，搬迁到移民社区的居民需要重新建立自己的社会网络。邻居不再是从小一起长大的相熟的人，可能来自相隔不远的村庄，也可能来自非常陌生甚至从未去过、听过的村庄；可能是同一个民族的同胞，也可能分属于不同的民族。根据掌握的调研资料来看，这类社区与大城市的小区还是会有一些区别。大城市的小区里，同一层甚至门对门住着,可能不会有任何交集,可能几十年老死不相往来。人与人的关系主要靠社会的公共规则来维系着。案例点这类搬迁小区,居民从原来血缘关系主导的村庄抽离,变成以核心家庭或扩大家庭为单位的一户户独立体,机械结合程度低是肯定的,但住得近的居民之间一般会经历一段由陌生到熟悉或半熟悉的磨合期,建立一种不那么陌生的邻里关系,甚至拟血缘关系。某种地方性文化在其中起到了重要的作用。移民搬迁点引入了一些企业,比如食品厂、服装厂等,能够吸纳一些劳动力。社区牵头,打造了商业街,比如非遗街、茶叶展购销一条街等。社区领导机构会定期举办各种职业培训,并为自由创业者提供政策、资金等方面的帮助等。这些已经落实的就业举措以及乡村振兴背景下国家后续更大力度的各种扶持,势必为这类村庄或社区的发展注入可持续的力量。

二、案例:黔东南 N 社区介绍及乡村振兴现状

(一)文化与生态

N 社区是个移民安置点,坐落在黔东南某县郊区,环境优美、视野宽阔、空气新鲜,地理区位优势明显。占地约 56 万平方米,项目住房建设 28 万平方米,共有搬迁户 3075 户 12418 人,其中建档立卡贫困 2954 户 11925 人,辖区共有楼栋 89 栋,203 个单元,3230 套住房。公共基础设施主要有便民服务中心、幼儿园、小学、卫生室、警务室、平价超市和休闲广场等,开通有 2 路公交线路,切实保障搬迁群众的基本生活需求。建设有茶叶一条街、旅游商品一条街、苗族特色饮食一条街等,可提供几百间商业门面,目前已引进多家企业。

实施易地扶贫搬迁的原因包含地理区位偏远、生态不宜居住、发展前景不佳等,这也就要求移民安置点要避免这种限制因素的再度影响。移民安置小区以建设特色旅游小镇为发展定位,将之作为西江景区到大塘景区的"接应点",故而对地理区位的选择以及小区整体规划都精心考虑。所有移民安置社区在未开发之前都是大片农田,地势平坦,视野开阔,处于河流上游区,更是背靠茂密植被,空气质量好,比较好地解决了生态贫瘠

的自然限制。另外,从地理位置来看,移民安置区距离县城城区仅1公里,能够共享到县城基础设施,同时又处于对外交通的交会点,交通便利。安置区内设有民政局、供电局等部门的分局或办事处,满足群众的社会生活需要,渐渐形成"一站式"服务体系,居民不需要到处跑就可以解决好自己的生活问题。

移民安置社区是一个苗族、汉族、水族、瑶族等杂居的多民族社区,开展各项工作也注意到了这一客观事实。在扶贫搬迁政策的实践中,有的是乡镇执行整村集体搬迁,有的乡镇是只有贫困户才能搬,但不管哪种类型的搬迁,都统一采取"混合抽签"的方式决定自己"新家"的位置、楼层,这就打破了民族与地域之间的某种隔阂,民族个体之间的关系也直接变成居民关系。然而民族性本身并未消失,民族的因素在社区生活中依然存在。对此,据课题组调查,社区也开展了一系列民族团结进步教育工作。第一,邀请县民族宗教事务局的相关人员到社区开设民族团结进步专题讲座,指导民族宣传标语的设计等,抽调具有民族工作经验的干部来社区工作;第二,在人们都回来过节时,举办一些活动,提供交流的平台。比如吃民族团结连心饭、吃楼栋邻里连心饭、跳民族团结舞等;第三,注重培养民族歌舞队、篮球队、老乡会等多民族成员构成的社会组织。同时加强普法工作,巩固平等、团结、互助、和谐社会主义民族关系,创建爱国、敬业、诚信、友善的公民社会。另外,针对搬迁的各民族社区归属感不强的问题,社区以片区为单位,以搬迁日为契机开展"集体生日会",提升搬迁群众的社区归属感。

在安置点醒目位置悬挂社会主义核心价值观宣传标语,大力培育和弘扬社会主义核心价值观;在法治文化广场张贴基本法律知识,弘扬法治精神,增强法治意识;收集搬迁群众的笑脸照制成"我们都是一家人"的"团结墙",营造友爱和睦的亲情感。为进一步推进社区公共文化建设,还开展"一月一场"公益电影放映活动和确保"一人一册"学习型社区创建工作,多样化渠道进一步强化扶志转勤、扶勤转能、扶能转富宣传力度,在社区公共场所张贴优秀党员、感动县城人物介绍等,宣传勤劳致富典型事迹和人物,用身边事教育身边人,以身边事感染身边人,鼓励群众提振精气神，持续开展"讲文明、树新风、除陋习"系列活动，形成崇尚科学、文明、节俭、诚信的良好风尚。此外，通过"一周一堂"感恩教育宣讲和"一校一赛"主题活动评比，通过感恩主题宣传教育，提升搬迁群众的感恩责任意识，让搬迁群众懂得感恩、学会感恩，树立勤劳致富、脱贫光荣的价值导向。

自挂牌成立社区以来，政府就想到了人口集聚可能带来的生活垃圾难以处理的问题。为了方便搬迁群众的生活，在每栋楼下都有固定的垃圾箱，设有楼栋卫生员等公益性岗位，负责监管楼栋的卫生情况。公共区域如广场、步道等，设有专门的网格卫生员，定时定点巡逻、打扫。人流量密集、小摊小贩较多的地方，往往是产生垃圾的"重灾区"，社区会组织街道干部、社区干部、青年志愿者定期进行卫生大整治活动，有效改善脏乱差的卫生环境。同时通过"夜校"教育、走访入户教育、卫生大评比等方式教育搬迁群众做好家庭卫生、维护好社区环境。

"搬人也搬文化"是当地易地扶贫搬迁的重要内容之一，因为搬迁移民进入到陌生的环境，心灵的归属感不强，需要努力构建和营造他们熟悉的文化环境，从而达到"住得安心"的结果。移民安置点设置了体现民族文化主题的各种元素，在房屋等建筑物上展现民族特色，比如牛角图案、牛头花窗、蝴蝶花窗等，配套建设芦笙广场、风雨长廊等文体设施，将道路命名为具有民族特色的鼓藏路、瓜年路、蝴蝶路等，最大程度地彰显民族文化符号，在培养社区归属感的同时让搬迁移民继续传承传统文化，留住乡愁文脉，实现人与文化的共同"搬家"。社区建筑整体配以"蝴蝶妈妈"文化意象，所有的窗户普遍配套有"蝴蝶妈妈"模样的木质装饰品；另外一些建筑则重点辅以"牛"意象，进社区的大门是牛角型的，除了牛角型窗花外，在路灯、铜鼓广场地标建筑上都设计有牛角标志，配套建设有斗牛场等场所。

有了文化活动的场所，在民族节假日，社区会组织开展"姑妈回娘家"、山歌舞、芦笙舞等群众喜闻乐见的民俗文化活动。活动中会加入公民基本道德规范和社会公德、职业道德、家庭美德教育，在社区内形成良好的道德风尚，不断提高社区文明程度，不断提升搬迁群众文明素质，塑造更好的精神风貌。苗族的苗年和水族的瓜年是当地除了春节以外的最为隆重的节日，届时举办相关的活动是必不可少的。除了县里面有关部门会在民族节日这个特殊的时间节点组织民俗文化活动的官方路径外，社区居民也会自发组织。每逢民族节日前夕，有共同兴趣爱好的人群（如芦笙队等）就会自发形成临时活动组委会，每个人发挥自己的特长，明确分工，有的撰写活动方案，有的搞宣传工作，有的装扮活动场地。活动资金往往采取众筹的方式，成立专门的资金筹集队伍，以入户宣传、微信朋友圈推广等方式告知居民要举办活动，希望大家能够参与进来，力所能及地提供一定资金支援。组委会会及时公示资金的收入、支出情况。活动的成功举办，以人们喜闻乐见的方式吸引他们参与到民族文化中来，不仅保护和发展了民族文化，也提升了社区居民的凝聚力。

社区在居民自治委员会下增设民族文化发展实践站，由社区居委会副主任担任站长，其职责主要是统计社区非遗传承人的情况，在社区成立苗歌培训、双语培训、苗族服饰培训、刺绣培训等培训基地，组织相关人员举办培训活动，邀请非遗传承人来对社区居民进行文化培训；组织开展群众性艺术、文娱、体育活动；收集整理民间文化艺术遗产，做好文化宣传工作等。2021年端午节来临之际，案例点社区多部门联动举办了一次端午节主题活动，各民族穿着自己的民族服装，欢聚在民族团结广场，在社区领导的主持下完成了包粽子比赛、端午节知识问答、民族团结舞等活动项目，以简洁有趣、群众参与较强的竞技性活动的开展，促进各民族文化交流，保护民族文化的同时营造了"我们都是一家人"的社区归属感。

社区"四点半学校"配备20余万元设备，图书1000余册，可容纳120人课外辅导，在社区招募志愿者教师队伍3人，主要对留守儿童、孤儿、搬迁务工子女辅导课程，为他们解决放学后孩子无人看管的后顾之忧。也为民族文化代际传承提供了良好的空间和氛围。"四点半学校"每周五下午都安排有非遗文化课，会邀请各位家长、学生参与到"蝴蝶课堂"，邀请非遗传承人、文化工作者等到场指导，以兴趣小组的方式分成芦笙、刺绣、蜡染、歌舞等小团体进行3个小时的民族文化训练，营造社区民族文化氛围，也一定程度上解决文化传承的代际问题。另外，社会各界也有意识地支持搬迁群众选择从事刺绣、银饰、蜡染等苗族传统手工艺产业，既解决就业，又能进一步增进对民族文化的认知、了解，从而达到保护民族文化的效果。

（二）经济与治理

科学有效解除"一方水土养不活一方人"的限制，使贫困人口拥有稳定的经济增收，是易地扶贫搬迁的出发点和落脚点。搬迁群体既要能"搬进去"又要能"住下去"，除了有一个安身的庇护所，还要看能不能实现"农民"到"工人"的职业转变，即安置点有没有岗位来提供给他们工作，解决经济生活压力的问题。

引进劳动密集型企业和比较具有发展前景的企业入驻社区组成"扶贫车间"，打造"楼上住人，楼下就业"格局。课题组调研期间有食品加工厂、工艺品加工厂、服装厂等几十家生产经营单位在正常运行。课题组重点关注了三家劳动密集型企业，他们都是由易地扶贫搬迁群众或致富能手带动的企业。贵州省益农民族服饰文化产业发展有限公司是一家以外贸服装、民族服饰、校园校服、鞋类、皮包类、蜡染、刺绣（含机绣）、单位服装定制等为主要生产产品的企业。公司董事长王某是当地达地乡人。前些年，王某在沿海地区务工，掌握了关于服装生产和服装厂运营的方法，学成归来的他看到"老家人吃了很多没文化的亏，自己也真正想为老百姓做点事情"，于是在扶贫政策的帮助下成立服装公司。目前该公司在职员工50人，绝大多数是搬迁移民，录用员工不分民族、地域，每个民族都有相同的就业机会。该服装厂的职工以中年女性为主，她们为了照顾读书的子女，选择留在安置区，同时又要维持生计，补贴家用，就到社区的企业上班，企业为了能让她们安心工作，专门设置课后服务中心，聘请老师来给员工子女辅导功课，这也是很多不识字的员工的优先选择。贵州仰曼莎服装有限公司以生产苗族服饰为主，法人代表是当地西江镇的李某，目前在职员工80人，其中易地扶贫搬迁群众40人，因为对工人工作能力要求颇高，故而只接受进行过职业培训的人员。安置社区食用菌产业发展项目是由杭州市15家公司联合捐赠发展起来的项目，在街道党工委的领导下由

565户易地扶贫搬迁户组成社区合作社。建有恒温食用菌生产车间5300平方米，冷库80立方米，配套烘干机5台。该项目以猪肚菇为主要栽培品种，每年生产两周期，一个周期可投放菌棒40万棒，可提供固定就业岗位30个，两个生产周期需要临时采茶工30余名。这三家企业都是依靠扶贫资金发展起来的，随着生产规模的不断扩大，企业提供的岗位越来越多，渐渐吸纳周边县市的人员来就业，产业活力日益明显。引进的企业有着严格的利益联结机制，首先有社区领导班子成员定向联系扶贫车间，确保引进企业长期稳定发展，再者采取"公司+社区合作社+搬迁贫困户"的结合模式，按照"保底分红"的方式每年分红一次。其中：保底分红按扶贫资金总投资的5%计算，且逐年递增不少于1%；效益分红按纯收益（扣除保底部分），由企业和社区合作社按5：5进行分成，社区合作社收益部分按70%分红到户，30%当作社区合作社滚动发展资金。社区合作社主要通过设置项目点劳务就业岗位和社区公益性岗位的方式兑现分红资金，使量化入股搬迁户通过劳动获得收益，共同参与项目与社区建设，有效解决搬迁群众就近就地就业，又防止养懒汉和"一股了之"的现象。

除了在安置区内引进企业来提供就业岗位之外，对外劳务输出也是实现搬迁移民就业的重要渠道。贵州兴雷集团旗下的国有资产经营租赁有限责任公司和诚信劳务派遣有限责任公司来负责对外联系用工单位和主持各类招聘会。劳务公司就设在社区服务中心的对面，由街道相关领导和县人力资源中心相关人员统筹，从搬迁移民中抽选具有人力资源管理经验者负责实际管理，其职责包含对外联系用工企业和负责搬迁移民的培训工作两个方面。根据移民安置区的劳动力特点和县内外用工需求，在民族团结广场及时公示联系到的企业及其招聘岗位供移民群众选择，有必要时还安排车辆接送到用工地点等事宜，提供就业平台和机会，帮助社区群众实现就业。调查组全程跟踪了杭州市上城区与当地2021年东西部劳务协作暨现场招聘会，本次招聘会有杭州市和县内外30余家企业参加，提供岗位200余个，现场达成就业意向50余人，并于2021年8月24日有组织输出杭州就业贫困劳动力7人。

在安置社区内部开发工作岗位方面。当地街道人民政府整体规划出

"四条街",即"非遗美食一条街""茶叶展示品尝一条街""民族工艺品生产一条街""非遗医药一条街",每条街都设置有各个乡镇的农产品特卖中心,所有门面商铺根据规划要求进行相关行业的生产。针对有创业意愿却没有启动资金的困难居民,可以支持一定限额的无息贷款,同时社区内所有门面优先交付搬迁移民使用,三到五年内享受"0 租金"的政策,鼓励有条件的困难群众发挥自己的优势,自主创业。这种门面大都是个体工商户在经营,主要是便利店、小型超市、粉面餐饮以及日常生活用品的销售。根据自身情况实际融入到市场经济中来,一来可以实现经济增收,二来可以照顾、陪伴在县城读书的子女,是众多家庭值得认真思考的选择。另外社区还增设公益性岗位,选择适合的人来从事水电维修、保洁护绿、治安协管、护河护路等公共服务行业,优先解决困难人员的就业问题,营造每个人都有"用武之地"的氛围。

企业引进来,工作岗位也有了,但如何吸引搬迁群众投身到合适的岗位上去也是一个棘手的问题。首先,在搬迁之前,大多数人特别是中年人从事的基本都是农业生产,对于技术性的生产方式不了解,也不懂企业的管理制度,表现出一定的害怕心理。同时老百姓很务实,他们看到有人开粉店能赚钱,就都想去开粉店,对于企业的专业化技术怕学不会,担心没用处。其次,极少部分搬迁群众思想意识上存在一定的惰性,认为政府可以保障他们的基本生活了,不想辛苦劳动;也有不少人觉得,学工厂的技术,就只能去工厂上班,当地县城的工资不高,最后还是得出去,所以学和不学结果都一样,而且在外面学技术期间,公司一样发工资。另外一个较为普遍的发生在年轻人身上的现象是,先于贫困移民进县城的民族个体,他们拥有了自己的职业并比较好地融入到市场经济体制之中,而他们的职业也成为同一民族移民群体的"优先选择"或者就业意愿。也正是如此,民族和产业形成了某种对应的关系。深入调研发现就业上存在的问题,街道政府采取了以思想动员为主的方法,开展有组织、有计划、有场地、有人员的培训工作。主要的做法是:1. 以网格为单位收集贫困户的信息,包括以前做的营生和接下来工作意愿是什么等内容,制成培训档案袋,视情况来定什么时候参加培训,参加什么样的培训,培训什么。社区共划分成9个网格单位，每个网格单位设有网格员、楼栋长等岗位。为了掌握贫困移民的基本情况，组织工作人员入户收集材料，主要是收集贫困户的家庭人口数、年龄结构、性别结构以及营生手段等内容，从而确定劳动力、适合从事的行业等情况，为组织培训工作做好准备。2.再度发挥驻村第一书记、帮扶干部的作用。他们是从脱贫攻坚"战场"走下来的，最了解贫困户情况，在某种意义上是困难群众最信任的人群。考虑到此，在政府的统筹安排下，动员第一书记、帮扶干部再次深入走访贫困户，给群众做思想动员工作，鼓励他们去参加职业技能培训，以便更好融入到市场经济中来。从访谈人员的口述中得知，王某平是远近闻名的贫困"钉子户"，平时思想懒散，行动涣散，自2018年搬迁到安置点以来，每月仅靠低保补贴维持生计，用群众的话来讲就是"没有饭吃了，给帮扶干部打电话，没有钱用了，给帮扶干部打电话"。2019年年底，经过帮扶干部的多次动员，王某平去一家服装厂当了保安，实现就业。3.可以发挥那些在移民搬迁之前就进到城市或周边乡镇实现就业的人们的引导作用。这些通过自己的努力在某个行业站稳脚跟的人，事实上可以被看作某类经济人才。基于某种非正式权威的存在，组织他们来给移民小区做宣传动员，安置点的移民可能更有"亲近感"，效果也可能更明显，有条件的可以吸纳培训移民到他们从事的行业中去。同时，社区还经常以座谈会的方式来做培训动员工作，网格员、楼栋长是同居民日常接触最多的群体，借助串户走访的线下和微信群等线上平台进行定时宣传，达到人人知晓的宣传效果。

乡村振兴战略的总要求中有一条为治理有效。治理在当下语境中包含治理体系和治理能力两个方面。对于一个移民社区而言，要想实现长远发展，除了稳定的人口、完善的基础设施等必要条件外，还依赖于自上而下的行政刚性治理同移民群众自身组织的有效结合，即实现治理体系和治理能力的现代化。聚焦案例点社区，与其他社区不同，移民安置点是个多民族互嵌社区，或许考虑到这个客观事实，在配备领导班子时倾向于从县民族宗教事务局和各乡镇领导班子中抽选具有专业能力的人员，并且要求各个乡镇要有一名以上干部，汉族、苗族、水族等民族工作人员各占一定的比例（乡镇移民的信息整理以及工作时的有效沟通是比较棘手的问题）。

在人员构成中编制内31人、党员18人，学历层次上研究生学历2人、本科学历28人、专科学历1人，包含少数民族29人。所有易地扶贫搬迁移民安置点共成立1个党工委，党总支2个，4个小区党支部，9个网格精细治理单位，21个网格党小组，下辖党支部6个，共有党员280名，选优配齐党支部班子，常态化开展"三会一课"等党组织生活，建立"党支部—网格—楼栋"的纵向网格化管理体系，并通过"四三三"工作法积极培养党员后备力量，主抓专本大学毕业生、复退军人、回乡创业青年作为后备力量培养。

为了提高治理能力，移民安置区采取精细化管理方式，把街道划分成多个比较小的治理网格单位，每个网格建设有警务室、党务政务咨询中心等机构，从社区居民中选择合适的人员组成治安巡逻队伍，加强群防群治力量建设，在警务民警的指导下，开展日常治安巡逻防范、隐患排查、应急处置、法治宣传等工作。同时设置网格长、设置楼栋长、治安员等自治型服务岗位，把年轻党员群众、致富带头人、离任村干部、退役军人选派为居民小组和楼栋负责人，主要负责收集、反馈住户的困难和诉求，排查矛盾纠纷，社会治安管理，政策法规宣传以及居民动态信息（经济发展、生活问题等）整理归档。另外，成立工会、共青团、妇联等群团组织，同时注重对"民间芦笙队""文化协会""民族歌舞队"等社会组织的培养，高度重视党中央所提出的"两个尊重"。以当地民间非物质文化遗产传承人和歌舞爱好者为中心，培养各个乡镇的歌舞队，在各个重要节日中展示民族风情，一方面，增强欢乐的节日氛围，另一方面打造最动人的旅游名片，总之这样的活动，以一种潜移默化、寓教于乐的方式，来展示群众对美好生活的期待以及伦理道德的追求和向往，同时也是弘扬优秀民族文化的重要载体，在传承人的带动下，安置点来自不同村寨的移民以及周围村寨的居民慢慢响应，参与到社区活动中来，多频率、全领域的互动下，移民区与周围村寨居民的关系更加和谐。

治理有效的另一种理解或要求是有强大的应急管理能力，确保对突发事件的预防、跟踪和及时处理。2020年年初，案例点社区入选当地基层应急管理建设的首批试点社区名单，在社区建有"一站一库一队伍"，即应急管理服务站、应急物资储备库、基层应急救援队伍,提高应急管理能力。为了达到应急管理工作"横向到边、纵向到底"的要求,县里面出台了招聘网格管理员的实施方案,面向社会公开招聘15名基层应急网格管理员,为社区应急管理能力提供有力保障。同时在社区建设了应急管理、安全生产、防灾减灾救灾、消防安全知识宣传长廊,定期开展安全隐患排查、入户走访宣传教育,开设群众咨询服务平台。多计并施取得良好效果,社区正在从最开始的"人心乱、思想乱、风俗乱、安全意识薄弱、风险隐患多"向"人心齐、社区好、大家安"转变,居民从最开始的"住不下、不安全、难就业、不发展"转变成现在的"住得下、能安心、能发展"的新一代社区移民。

(三)社会生活

在基础设施上,各小区配备建设有警务室、社区服务中心、卫生室、平价超市、幼儿园、棋牌娱乐室、图书室、就业培训中心、篮球场、地下停车场、公交车站等公共基础服务设施,进一步满足搬迁群众生产生活、子女就学、就医、出行等需要,提高搬迁群众的生活质量和娱乐文化情操,让搬迁群众逐渐从农民变为市民。

为了使中年人更好地融入到社区中来,设置"夜校"。每周四下午6点,各个社区组织居民在固定地点展开统一培训。一方面,在县城广招优秀法律工作者,充分发挥法律人才的作用,在培训中向各个人员讲述公民享受的权利以及应该履行的义务;另一方面,为使群众能更好地融入社区生活,邀请县民政部门工作人员前来科普相关数字化交易和交流方式、手段,以求更便捷、更迅速、更容易地融入到社区生活的方方面面。更重要的是教育群众在社区中生活中要高度重视生活垃圾处理问题,讲解如何进行垃圾分类、垃圾回收和垃圾处理。

为使适龄学子不会因家庭情况导致辍学和退学,社区在党工委书记和街道主任的领导下,成立助学教育基金会,其会员由社区搬迁群众中的干部人员(有稳定的工作)组成。此项基金用于资助家庭经济困难学生,同时奖励优秀教师和学生,助力本地教育事业的发展。社区对教育事业的发展高度重视，当然也希望莘莘学子从广博的大山中汲取前行的力量，发奋学习，立志成才，希冀他们不忘初心，以优异的成绩，报效祖国，回报社会，建设家乡。

县志愿者协会抽调志愿者和社区招募志愿者组成的志愿者队伍是促进社区居民快速融入社区生活的重要力量。案例点社区社会工作和志愿者服务站结合当地移民群众耳熟能详的"蝴蝶妈妈"神话传说，开创了"蝴蝶工作法"，将服务人群按照蝴蝶的四瓣翅膀予以划分，分别为老年人、青少年、残疾人和因病导致贫困的人群。同时蝴蝶两个触须形象代表社会力量和专业力量，四条腿代表精准识别、精准需求、精准施策和精准退出的"四步工作法"，开办"都是一家人"社区报来记录社区实事、基层民生实事，进行政策解读、活动招募与信息公示等。此外，社区志愿者和网格员、楼栋长定期入户检查煤气使用、电器、卫生以及家庭成员健康、就业等情况，提醒用气用电安全，时时了解搬迁群众的所思所想所需。

利用互联网，以网格、楼栋为单位成立微信群作为信息收集平台，搬迁群众不仅可以在群里交流感情、共享就业信息，还可以将生活中遇到的水、电维修问题以文字、语音的形式发布在群里，区域网格员第一时间回复，完成"点单"。随后社区公益性人员根据居民需要带上维修设备在预定的时间上门服务，像更换楼道灯、路灯这些公共设施不需要支付任何维修费用，但涉及居民家用电器、水管等设备需自行购买配件，维修人员免费更换维修，不需要支付任何的人工费。社区党支部工作人员在维修人员上门服务结束后，在一天时间内电访"点单"居民反映的维修问题是否有效解决，已经解决的对服务是否满意；未解决的，了解具体原因；本级层面无法解决的，及时上报上级部门，以便及时有效为群众排忧解难，保障他们的正常生活不受影响。

三、乡村振兴的可能路径与人才融入

（一）V3 类村庄乡村振兴的可能路径

V3 类村庄总体特点是机械结合程度低、可持续。城郊融合类、移民搬迁类村庄大多属于此类。有一些集聚提升类的村庄也可纳入其中。本课题选择的案例点是一个搬迁社区。移民是从整个县域内不同村庄不同时间点搬进来的，既有的血缘和地缘关系被解构，新的地缘关系还未在情感和心理层面上形成。机械结合程度低描述的就是这种状况。可持续，则意味着V3类村庄或社区能够让一部分居民本地化获取生存资料。

  V3村庄乡村振兴的最可能路径就是"退出乡村""融入城市"。乡村振兴事实上既不是既有村庄数量与规模不变基础上的振兴，也不是城乡相互割裂的振兴。乡村振兴战略目标最终完成以后，一部分乡村将不再是乡村，而是会融入到城市当中。V3类村庄是最有可能最终融入城市的乡村，尤其城郊融合类村庄更是如此。机械结合的说法主要针对的是传统关系，V3类村庄实现振兴以后，也会呈现一种高的结合度，但这时的结合是有机的团结，城市意义上的结合。目前而言，即使是城郊融合类村庄，也并不是完全城市化的村庄。因为从既有传统关系中脱离又还没有完全变为另一类有机式结合，可以说，V3类村庄还是机械结合程度低的村庄。机械结合程度的高低与村庄是否能振兴之间并不存在必然的对应关系。机械结合程度只是对村庄存在状态的某种丈量，是着眼于村庄内生力量之性质的概括。机械结合程度高的村庄有可能实现振兴，机械结合程度低的村庄也有可能实现振兴，同样，如果不做出改变，机械结合程度高的村庄有可能无法实现振兴，机械结合程度低的村庄也有可能无法实现振兴。而且，村庄的机械结合程度是时刻处于变化之中的，程度的高低也是相对而言的。之所以要用这样一个划分标准，正是由于民族地区乡村的传统属性可能要比中东部汉族地区的村庄更强烈一些。即使V3类村庄最终实现振兴，成为城市的一部分，即使融入城市的V3类村庄有机结合程度已经相对较高，但这些消融在城市里的村庄跟中东部的城市社区还是会有一些区别。就像不同地区不同小城市中人与人的关系、情感联结方式会有某些不同一样。这个时候也可以说，基于传统的新的已经不太明显的机械结合也是不一样的。

  案例点N是个搬迁社区，其机械结合程度较低，乡村振兴战略实施中，会形成更明显的有机结合以及新的基于传统的机械结合。只不过，新的基于传统的机械结合程度可能不会再像搬迁之前那么高。那种机械结合，彰显的更多的是地域性地方性情感而非家族情感。搬迁点的可持续性目前来说主要依靠的是外在力量，主要通过政府的资金倾斜、政策鼓励来吸引商家入驻，从而在一定程度上实现搬迁居民的本地化就业。"非遗美食一条街""茶叶展示品尝一条街""民族工艺品生产一条街""非遗医药一条街"的规划、打造以及投入使用，也都是政府主导的。乡村振兴战略实施中，政府的投入要持续跟进，但像案例点这样的搬迁社区，如果外动力无法激发内动力，如果持续的投入无法催生内动力，类似的搬迁社区肯定也是没办法振兴的。为了解决搬进来又住得下的难题，政府引进多家劳动密集型企业，打造扶贫车间，让搬进来的人在楼下就有活可干，不出社区就能有收入。这个方向是对的，但N安置点所在县是个贫困县，能否持续引入类似企业，能否持续给这些企业以政策倾斜，引入的企业能否盈利，能否更多地解决移民的就业，这些是令人担心的问题。就业的另一种方式是劳务输出。这对当前的移民安置点N来说，非常重要。因此，社区会经常举办职业培训，经常邀请外地用工企业来本社区招聘。只是长远来看，如果大部分搬迁来的居民依然只能到发达地区寻找就业的机会，很大一部分家庭的家庭成员之间依然处于分居的状态，那这样的搬迁社区还是无法达到乡村振兴的总体要求。总之，类似N这类搬迁社区目前的可持续性主要依赖于外力的扶持，乡村振兴战略实施中要想办法将这种外力主导的可持续转化为内驱动力主导的可持续，想办法盘活市场各级主体，让各种资源要素流动起来，使更多的居民能获得更多就业的机会。

（二）V3类村庄人才融入的特点及注意事项

V3类可持续但内部机械结合程度低。理论上讲，因为可持续，人才是有一定的数量的，类型也不会单一。治理人才与非治理人才之间会有一定的竞争性，治理人才内部也有可能具有一定的竞争性，非治理人才会有适度的话语权，治理人才与非治理人才也会长期共存，共同维持村庄的可持续性。

因为案例点是个移民搬迁社区，跟理论上V3类村庄人才存在状态可能会有一些说法上的不同。最大的不同点在于，治理人才可能需要进行分层。人们从不同的村庄搬到同一个社区，社区规模变大，人口数量增加，治理人才不再是以前村庄层面的存在状态，一部分治理人才由有编制的社区公务人员替代。或者说，因为社区在人口规模上是以往村庄建制的多倍，需要有专门的机构来对社区进行治理。公务人员有限，各种日常事务较多，这时就会出现课题组称为治理下沉的现象。比如网格长、楼栋长、治安员等自治型服务岗位的设立，就可以视为治理下沉的某种具体表现。相比单一的村庄，移民社区治理人才与非治理人才之间形成了正式到非正式的各种过渡，再加上社区引入兴办的各种企业、为解决社区居民就业难题做出贡献的经济人才的广泛存在以及他们与正式、非正式治理人才的各种关系嵌套，移民社区的人才存在状态及关系都更为复杂。这是这类社区或村庄人才融入的最为显著的特点。从上文对案例点乡村振兴现状比较全面的介绍能够看出，在产业发展、居民就业、文化娱乐等方面，政府已经做了大量的工作。可以说，这些工作是在正式治理人才、非正式治理人才、经济人才、知识/技术人才等的共同协作下完成的。乡村振兴战略实施过程中，这种不同民族身份不同人才类型之间的协作关系需要巩固和加强，尤其正式的治理人才与非正式的治理人才之间以及治理人才与经济人才之间的信息交流，更要做到畅通无阻。注意更多引入经济人才，激活社区的市场竞争力。这些人才，可以是本地的，也可以是外地的，可以是移民搬迁点原村庄的少数民族，也可以是汉族。要注意治理下沉的尺度和效度，政府治理与居民治理的相互促进，德治、法治和自治的相互促进。可以在网格长、楼长之下延伸治理，建立联户长制度。联户长通过走访、群众会等方式掌握本单元人员情况，收集群众意见、建议和诉求，形成全面掌握实情、及时反映民意的长效机制。排查联户内婚恋情况、邻里宅基、山林水土、口角琐事等各类纠纷苗头，组织开展情绪疏导、相互规劝，阻断矛盾纠纷生计恶化链条等。

　　V3类村庄可能会有一些民族杂居村，或者类似案例点这样搬迁而成的民族互嵌社区。要注意培养新的机械结合的生发点，建立社区情感联结的纽带，民族文化发展实践站的设立是必要的，号召居民自发地组织"芦笙队""歌舞队"等,让具有文娱特长的人才带领社区居民开展丰富多彩、地域特色明显的文化活动,也非常重要。这些活动的开展有助于多民族互嵌社区从居住格局的互嵌迈向精神价值的互嵌,有助于各民族成员在各美其美、美人之美、美美与共的氛围中铸牢中华民族共同体意识。

四、小结

V3 类村庄总体特点是机械结合程度低、可持续。机械结合程度低,说明传统意义上村庄内部人与人之间的联结已经松动,空间不再是单纯的时间的延续。可持续,意味着 V3 类村庄一段时间内人口迁出量较少或者某个时间点上背井离乡远赴外地务工者占总人口比例较小。V3 类村庄乡村振兴的最可能路径就是"退出乡村""融入城市"。乡村振兴事实上既不是既有村庄数量与规模不变基础上的振兴,也不是城乡相互割裂的振兴。乡村振兴战略目标最终完成以后,一部分乡村将不再是乡村,而是会融入到城市当中。相比单一的村庄,V3 类村庄中案例点这种移民社区治理人才与非治理人才之间形成了正式到非正式的各种过渡,再加上社区引入兴办的各种企业、为解决社区居民就业难题做出贡献的经济人才的广泛存在以及他们与正式、非正式治理人才的各种关系嵌套,移民社区的人才存在状态及关系都更为复杂。乡村振兴战略实施过程中,V3 类村庄中不同民族身份不同人才类型之间的协作关系需要巩固和加强,尤其正式的治理人才与非正式的治理人才之间以及治理人才与经济人才之间的信息交流,更要做到畅通无阻。要注意治理下沉的尺度和效度,政府治理与居民治理的相互促进,德治、法治和自治的相互促进。可以在网格长、楼长之下延伸治理,建立联户长制度。对 V3 类中那些民族互嵌村庄或社区而言,要注意培养新的机械结合的生发点,建立村庄或社区情感联结的纽带,从居住格局的互嵌迈向精神价值的互嵌。

第六章　人才与 V4 类村庄

一、引言

　　V4 类村庄指的是机械结合程度低、非可持续型村庄。一部分搬迁撤并类村庄、集聚提升类村庄可划入此种类型，个别特色保护类村庄也有可能划入此种类型。相较其他三类村庄，V4 类村庄的占比可能更大。机械结合程度低，说明这类村庄家族观念的黏合属性已经相对变淡，血缘关系不再是衡量人与人关系的最重要标准。核心家庭原子化可能已经成为更显著的社会结构。情感边界不断内缩，缩到核心家庭内部。而核心家庭外部，人们可能更看重利益，会计算利害得失。非可持续，说明 V4 类村庄一段时间内人口迁出量较大或者某个时间点上背井离乡远赴外地务工者占总人口比例较大。也就是说，生活在这类村庄里的大部分农民没办法通过就近就业的方式获取足够的生存资源以维持家庭的必要开支。民族地区多属边疆地区、贫困地区，土地较为贫瘠，单纯通过农业种植实现发家致富的梦想是不现实的，即使通过规模化种植的方式也非常难获得大的经济效益。村庄或乡镇层面，第二第三产业的发展与兴旺，成功案例也不是太多。农民需要背井离乡去往工厂密集、就业机会密集的地区谋生。因此，非可持续型村庄占民族地区村庄的比例较高。当然，乡村振兴战略实施过程中，国家会加大对农村地区尤其边远民族地区乡村的扶持力度，一部分非可持续类村庄有可能抓住机遇，改变人口大量流失的现状，实现产业的升级，转化为某种可持续类村庄。

因为V4类村庄在四类村庄中占比较大，下文将选取两个案例点进行论述。从村庄的历史变迁来看，两个案例点都是"拼凑"型村庄。一个行政村也包括多个自然寨子。各个村民小组之间、村民小组内部之间，人与人关系较为疏离。村庄内部缺乏必要的组织性，原子化的状态不利于村干部与村民之间的有效沟通，信息不畅有可能进一步加剧治理的难度。这类村庄，村民主要的生计方式是外出打工。如果没有外力介入，按照当前的发展趋势，V4类村庄的占比还会持续变大，即机械结合程度降低，农民从祖荫的庇护下一点点挣脱出来，除了血缘关系，诸如业缘、学缘等关系也变得重要。同时村庄的可持续性也会降低，毕竟大部分人要远离故土才能获得更多更有保障性的物质利益。也就是说，没有宏观层面乡村振兴战略的制定、落实，没有国家持续对农村地区的政策、资金等方面的倾斜，V4类村庄会越来越多，大部分村庄也会越来越衰败。而且，V4村庄将来单靠自身的努力转化成注重权利和义务的农村社区的可能性也不是很大。因此，乡村振兴战略的制定、落实正当其时。不抛弃不放弃农村落后地区的发展、致力于共同富裕的发展政策的制定、落实也正当其时。

二、案例：渝东南J村介绍及乡村振兴现状

（一）文化与生态

J村位于重庆、贵州、湖南三省交界之地，地处武陵山腹地。村内居住着汉族、苗族、土家族居民，是个民族杂居村落。据2019年村委会的统计，户籍人口1472人，苗族1030人。村庄分为三个大的村民组，三个村民组由之前的十个自然寨子发展而来。有的自然寨子村民主要是汉族和土家族，有的自然寨子村民主要是苗族，也有两三个自然寨子是苗族、汉族住户数量相当。因此，从行政村的层面来讲，苗族人和汉族人、土家族人是混居的。居住的状态可以用"犬牙交错"来形容。村庄地理位置的特殊造就了文化的杂糅属性，苗族文化与汉族文化在这里交汇，长时间的文化共处生成了当地的地方性文化。村里的苗民大多数还能讲苗语，不过风俗习惯与当地汉族的风俗习惯已经差别不大。

J村被群山环抱，村里一条溪水沿山沟流淌。六七个自然寨子则分布在溪水不同段落。另有三个寨子分布在海拔较高的不同山脉上。J村传统民居为木结构建筑，至今两个村民小组的木房子还保留较为完整。另有不少人家已建起了两层或三层的砖房，尤其靠近公路的住户更是如此。这几年村里想发展乡村旅游业，一直鼓励村民修木房，新农村建设、危房改造、村里的移民搬迁点建的都是木结构房子。乡村振兴的总要求中，生态宜居是其中一个方面。"生态"既包括自然生态也包括人文生态，"宜居"是对乡村人口居住状态的概括。想要达到"宜居"的状态，农村基础设施建设要跟上，在"两不愁"的基础之上要讲究吃得健康、穿得舒心，要夯实"三保障"，扩大其他保障，要满足乡村人口的精神文化需要。同时，想要达到"宜居"的状态，人文生态与自然生态之间要建立和谐共生的关系。

J村全村耕地不足700亩，旱地多，水田少，人均土地面积更少。村民的生计主要是务工和外出打工。外出打工的比重越来越大。近些年，在村主要领导的带领之下，J村开始打造以"苗"为特色的乡村旅游业。

（二）经济与发展路径

社会发展日新月异，人们的消费观念随着生活水平的提高正发生转变，旅游日渐成为当下中国人休闲娱乐的一种重要方式。与此相应，西部民族地区依凭有鲜明特色的文化与自然资源发展乡村旅游业则成了挣脱贫穷的最主要且最有效的手段之一。民族符号的商品化以及民族景观的持续生产引起了人类学家的关注，旅游人类学的研究兴起，并渐成气候。厦门大学的彭兆荣可以说是先行者，同时也是这一领域的标志性人物，在引介西方相关理论、分析相关概念、厘定学科研究对象、内容、方法等方面成果卓著。中山大学的孙九霞赴云南、广西、贵州、海南等地的旅游景区做过大量的实地调查，并以这些第一手资料为依据，撰写了多篇有影响力的论文。[1] 除此之外，学术界还有大量的研究成果，不

---

[1] 可参见《旅游发展中族群文化的"再地方化"与"去地方化"——以丽江纳西族义尚社区为例》《社区参与的旅游人类学研究——阳朔世外桃源案例》《多重逻辑下民族旅游村寨的空间生产——以岜沙社区为例》《旅游对目的地社区族群关系的影响——以海南三亚回族为例》等论文。

——叙述。综观这些著述以及其他学者的论著，学界既有的研究主要围绕着已经初具规模或已走向正轨的旅游地展开，探讨的是既成事实的旅游现象。换句话说，学者们大多关注的是"开发以后"，而非"开发的过程"，是开发的成功经验，而非失败的教训，是进一步发展遇到的问题，而非一开始发展的举步维艰。也就是说，尽管研究者注意到了商业化程度较低的民族遗产社区的开发[1]，却对不同开发主体之间以及各主体内部的差异性、异质性、利益诉求的多元化缺乏深入的分析。本节聚焦渝东南的一个民族杂居村落，呈现的则是关于少数民族村寨旅游开发的另一番进退维谷的图景。或许正因此，"民族特色+乡村旅游"的发展模式的正当性被建立起来。它几乎成了某种不言而喻的共识，不仅研究者和观察者这样认为，地方政府与当地基层民众也形成了这样的看法。然而，继续追问，旅游开发有无可能成为民族村寨发展的陷阱？有无可能演变为某种精致的谎言？

J村的旅游开发是由基层组织倡导和推动的。J村的旅游事业肇始于2005年。主题是以苗族文化为资源，着力发展苗族特色的乡村旅游业。

1. 文艺表演

2007年，新一届S村村主任上任后，S村按照学术界研究的思路，掀起了苗寨旅游开发的热潮。村里申请资金，修建了新的木质结构的办公楼。办公楼不仅用于接待各级视察的领导，还是定期举行公共活动的场所。办公楼前的场坝，则是游客停车的地方。村主任改造了自己位于民族组的房子，开办了第一家苗族特色的农家乐。并专门去贵州请来相关教师，教授村里几个苗族妇女学唱苗族歌曲、学跳苗族舞蹈，同时也教给民族小学的学生们。除此之外，为了发展旅游，S村村主任还恢复了一些传统的苗族服饰，他鼓励苗族民众穿苗服，并邀请电视台前来拍摄苗族婚礼，还请村内相对较有文化的苗民翻译了县歌《黄杨扁担》，总之，S村村主任在任的六年，通过主打"文化旅游牌"，J村苗寨有了一些知名度。

---

[1] 孙九霞、黄秀波：《民族旅游地社区参与中的空间协商与利益博弈——以丽江白沙村为例》，载《广西民族大学学报》（哲学社会科学版），2017年第2期。

2. 苗王节与苗绣产业

2013年，苗族L青年被选为新一届村主任。L村主任发展乡村旅游业的"动作"更大。他努力宣传了"四月八苗王节"活动和"苗绣"技艺。2014年，J村苗寨举行了第一届"苗王节"。节日吸引了市内外近两万人前来围观。2015、2016、2017、2018年的"四月八苗王节"的活动也或大或小如期举行。几届苗王节举行下来，确实，不仅附近的居民，县上甚至市里的一些居民也对J村留下了比较深的印象。因为显性的苗族文化标识所剩不多，第一届"苗王节"上的文化表演大多属"易地移植"——唱花鼓戏、跳芦笙舞的人是从贵州请来的，斗牛时的斗牛士和牛也是从贵州请来的。2014年之后，四月八节的规模被不同程度地压缩，节日上"易地移植"的节目相对减少，不过，文化展演的精彩程度也有所降低。

除了苗王节的活动比较隆重，L村主任还主打苗绣产业。专门请来刺绣师傅，举办苗绣扶贫班，并依托J村的声名创立了"晶珠苗绣合作社"，合作社受到了当地政府部门的重视，县城专门筹建了展览厅来展示J村苗绣合作社成员的刺绣作品。通过打造"苗王节"和"苗绣"产业，旅游话语与扶贫话语结合在了一起。J村举办的四月八节，被当地有关负责人解读为文化扶贫的重要成果。而"苗绣"产业则被认为走出了产业扶贫的关键性的一步。并不是只有J村的苗族姑娘才能学习苗绣，事实上，整个县城的留守妇女、残疾妇女，只要有意愿，皆可学习。合作社定期收购学员的刺绣产品，并去各地销售。地方电视台做了不少关于J村依托苗绣的产业化创造性扶贫的报道，中央电视台也对L村主任做了专题采访。

3. 苗医、苗药、苗酒

J村苗寨的某户S姓村民从祖上继承了接骨的医术，在村里支持下，开了一家诊所。苗寨深处武陵山区腹地，大山环绕，高耸入云，平常时候，人们在其中劳作生活，跌打损伤在所难免。在对这种山地生活的适应中，J村的苗族先民推敲出了接骨术。苗药则多采于附近的山中，当然也是当地苗族民众长时期与疾病抗争过程中的环境适应性创造。接骨术、苗药都具有一定的神秘性,在以"苗"为特色的旅游业的开发中,正可以扮演重要的角色,某些药材也可以作为保健商品出售。村里推出了一款苗族药酒,宣传具有活血、消炎的功效,长期饮用,有益于延年益寿。

4. 围绕旅游开发现状的思索

J村的旅游旗帜已竖起十几年。在村寨组织的经营下,近些年,村寨里多出了一些苗族特色的文化标识。目的是民族村寨的未来发展,尤其是为了共同体意识的凝聚。

血缘与地缘的耦合关系等昭示了J村村民们复杂的、多元化的利益诉求倾向。以"苗族"为特色的旅游发展之路的选择有其必然性,但村寨共同体意识的凝聚与整合需要基层组织投入更多的精力。J村不是纯苗族村寨,而是一个民族杂居村寨,村寨内部还居住着一定量的汉族和土家族人口。打造苗族特色为卖点的乡村旅游业是全局性考量。对于一个不具备其他资源禀赋的村寨而言,文化旅游开发是实现乡村振兴的最可能方式。说服村寨内部的汉族和土家族群众理解并支持苗族特色的旅游开发有一定的难度。可以说,想要在一个利益复杂的民族杂居村寨打造以"苗"为特色的旅游业,村落共同体意识的凝聚是有一定困难的,但同时又将是前提性的。村寨中的汉族和土家族不是不能融入到这种彰显民族特色的发展路径中来,只是,基层人才需要做更多的解释和说服工作,需要阐明这种村落发展路径的必然性以及利益共享的可能性。这种可能,不是苗族内部的可能,而是整个村寨每一个个体的可能。从目前的开发状况来看,基层组织已经做了大量的工作,村寨内部的苗族和土家族群众大多数是赞成走这种乡村旅游开发的道路的。某种程度上说,J村旅游开发目前取得的成绩与村寨内部不同民族群众的拥护是分不开的。但汉族和土家族的群众也不是完全没有顾虑,即旅游开发后的利益分配机制是否合理,他们能否在支持村寨发展的过程中获得相应的利益回馈。也就是说,J村旅游开发如果还想取得更大的成绩,基层组织必须持续重视村寨内部不同民族群众的意见,倾听村寨内部不同民族群众的心声,必须更加重视村寨的共同体意识建设。

不仅要团结村寨内部的汉族和土家族，苗族内部更要凝聚起统一意志来。节日展演、刺绣产业打造、苗药苗酒开发等要统筹协调、有的放矢。旅游开发先期投入巨大，统一意志的凝聚是旅游开发能够推进能够获得成功的基础条件。基层组织的领导有可能在换届中更替，但一旦论证了旅游开发的可能性和可行性，一旦旅游开发项目落地，就要夯实决心，持续发力。J村的乡村旅游业开发想要获得最终的成功，两方面的努力非常重要，即"衔接外部"和"打通内部"。所谓"衔接外部"，指的是基层组织积极地申请各种有利于旅游开发的项目，积极地向外界宣传推介苗寨的独特文化。所谓"打通内部"，也就是村寨内部的共同体意识建设。"衔接外部"和"打通内部"都不是一时的，而是个长时间的动态性过程，尤其村寨的共同体意识建设。不仅要在是否选择以苗族文化为特色的旅游开发道路问题上形成高度的共识，还要在打造怎样的苗文化旅游发展道路上形成高度的共识，甚至具体发展环节、具体发展步骤、具体采用方式等上面也要形成高度的共识。

（三）社会生活

费孝通先生的文章里，差序格局是在与西洋社会的团体格局的对比中产生的。同样，费先生也未给出团体格局的精确定义。但无论团体格局的要素有哪些，是不是我们的前路，该不该借鉴又该怎么借鉴，课题组认为，毋庸置疑，我们社会的持续运转也必须建基于某种团体化建构之上。正是在这样的理路下，我们可以说，当前农村社会某种程度的无序恰恰彰显的是一种团体化建构困境。本节无意再为此困境添置新的捉襟见肘的理论，只是在既有理论框架下，通过对渝东南J村一起民事污染纠纷深描式的考察，通过对近距离经验[1]的叙事[2]，揭示事实的究竟，检验、修正当前的既有理论，依此与学界对话。

---

[1] 王建新：《格尔茨"近距离经验"概念辨析》，载《青海民族研究》，2013年第4期。
[2] 吴毅：《何以个案 为何叙述——对经典农村研究方法质疑的反思》，载《探索与争鸣》，2007年第4期。

1. J村污染纠纷事件过程

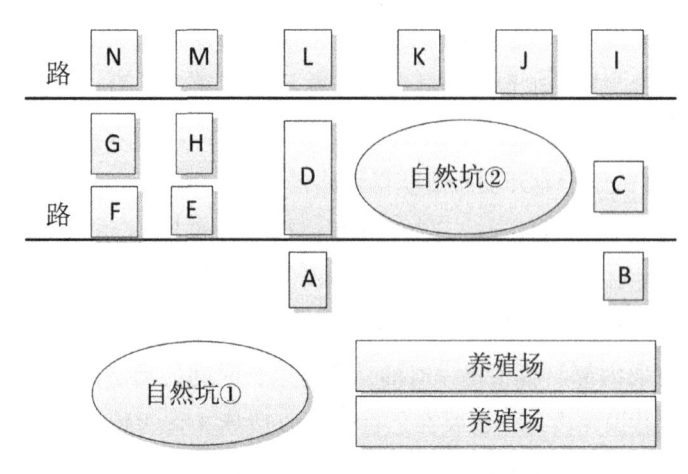

```
路  [N] [M]    [L]   [K]  [J] [I]

    [G][H]    [D]   ╱‾‾‾‾‾╲    [C]
路  [F][E]         │ 自然坑② │
                   ╲_____╱
              [A]                [B]

      ╱‾‾‾‾‾╲      ┌─────────┐
     │ 自然坑① │    │  养殖场  │
      ╲_____╱    ├─────────┤
                   │  养殖场  │
                   └─────────┘
```

J村平面示意图（每个矩形方框代表一户）

  两年前，J村农民石某在自己家的田土上建起了养殖场。如J村平面示意图所示，养殖场西边与A户农民龙某家相隔很近，东边则与B户农民刘某家离得不远。养殖场初建时，龙某曾与建设养殖场的石某交涉。龙某认为，养殖场离村庄太近，可能影响附近居民生活。石某认为，影响不会很大，养殖场主要用来养鸡，养鸡对环境的污染很小，村庄里面也有人用废弃的房子养鸡，周围居民也没多少意见。石某是个精明的商人，近些年通过向大大小小的养殖场推销饲料、药品而致富，他已在县城购置房产，平常几乎不住在村内。石某的养殖场既已开工，说明是经村委同意的，再加之污染还不是既成事实，龙某便没再强行阻挠。

  养殖场最初养了半年鸡，异味有一些，但不至于怨声载道。但很快，养殖场改养了鸭子，空气污染严重起来。养鸡时，养殖场产生的粪便都被运走，据说是有人买去作肥料。但养鸭时，养殖场清理出的粪便都堆积在养殖场周围，据说这样的粪便没办法用来施肥，这不是鸭粪本身的问题，而是养殖过程中各种消毒剂、预防药的使用，使得粪便产生了毒性。鸭粪的就地晾晒还不是最大的污染源，自从养鸭后，养殖场会定期将一些难清理的粪便通过管道冲入自然坑①中，粪水在自然坑中发酵，冬天还好些，一到了夏天，发酵的粪水再经过太阳的炙烤，臭味异常浓重。夏天经常刮风，臭味又随风灌进村庄。其中，受污染最严重的无疑是 A 户龙家。

龙某起初想找石某协商，但石某行踪不定，很少在村庄露面，电话打过去，又一直推说很忙。龙某只好退而求其次，找石某的妻子肖某协商。养殖场投入生产后，养殖场事宜主要由肖某照料，所以，肖某经常出入养殖场，有时还会住在村庄里。肖某承认造成了一些污染，她承诺在养殖场南面建一个粪水处理池，尽量少向自然坑里排放粪水。但承诺只是口头的，养殖场业主迟迟没有行动。龙某又去村委会投诉。村里领导也去与业主协商，承诺还是有的，但行动依旧没有。

龙某决定去告石某。告之前，他想游说周围的邻居一块去告，无果。龙某又不得不退而求其次，草拟了一份简单的事实说明，希望邻居们能够签字。污染影响的不仅仅是龙某一家的生活。村庄附近这一小片各家各户都不同程度受到了污染的侵害。龙某动员邻居签字情况如下：

动员及签字情况表

第一批签字户（按先后顺序）	A、J、M、F、B
第二批签字户（按先后顺序）	D、K、L
支持但未签字户	I
未动员户	C、E
无法动员户（全家外出打工）	H、N

龙某一方面游说邻居签字，一方面给儿子小龙打电话。小龙年龄二十四五，初中毕业后就常年在外打工。接到电话，小龙很快请假回家。小龙又去找了肖某，肖某再次承认造成了污染，除建化粪池的方案外，又提了两个方案：在自然坑①的最南面挖一口井，粪水注入井内，大大减小表面发酵面积，缓解污染；建立地下管道，将粪水引入自然坑①南面 100 米处废弃的沟渠。但小龙明白这些都是缓兵之计，即使按某一方案执行，污染依旧无法根除。小龙表明了自己的原则和态度：尽快将自然坑①内的粪水清理干净，以后不能再往坑内排放污染物；养殖可以，但养殖场要按照国

家规定搬迁至居民区一千米以外。双方提出的解决方案差距太大，结果不欢而散。

小龙直接去县环保局投诉。环保局来人，拍了污染画面。责成养殖场业主限期整改。差不多第十天，肖某雇人抽掉了自然坑①内部分粪水，但因两天后下雨，此工作暂停。暂停也是终止，此后，养殖场业主再无其他行动。小龙继续找环保局投诉。环保局告知，他们只负责监督，执法的权力属于当地政府。环保局工作人员拨通J村所在镇政府电话，说明了情况，又转而告知小龙，烦请以后直接跟镇政府执法大队的吴部长联系。小龙回家，镇政府的片区主任来J村了解情况，临走承诺回去立马向吴部长和分管副镇长汇报。又等了几天，镇政府杳无音信。小龙拿着父亲好不容易求来的附近几户村民签了字的"事实说明"去镇政府投诉。当天，分管副镇长、片区主任以及其他两名政府办事员驱车来到J村。他们在龙家详细了解了事情的来龙去脉，并作出了承诺。随后，他们走访了签字的其他几户村民，傍晚离去。又是几天杳无音信。小龙又拿着"事实说明"去了环保局，环保局又跟镇政府做了沟通。转天，一个协商会在J村村委会召开。参加者包括：环保局郑某、镇政府执法大队吴部长、镇政府办事员张某、片区主任周某、村两委班子主要成员以及受害方龙某一家、养殖场业主夫妇。其他签字村民也被邀请，但他们并未参加。会上，养殖场石某表态，这批鸭子出场后，暂时不再饲养，自然坑内的粪水会尽快清除。石某最后提出，养殖场搬迁确实成本太大，能否建个各项指标都达标的化粪池？环保局及镇政府人员认为，可以是可以，但如果还是对环境有一定程度污染、对周围村民生产生活造成影响，养殖场届时会被强行拆迁。

会后，养殖场业主并未清理自然坑①内粪水，更没有要建化粪池的迹象。小龙再次踏上投诉之路。为了尽快解决纠纷，小龙办了个酒局。饭桌上，吴部长向小龙摊牌。"兄弟，你让我们怎么办？我们也难呀！我们真把他养殖场拆了？拆了他找我们闹怎么办？出了人命又怎么办？"小龙又去了环保局，环保局也摊牌："实在不行，你只能去法院起诉养殖场业主！"

小龙没有去起诉，他已回来将近两个月，事情还是一无进展，他耽搁不起了。这近两个月中，小龙还拨打过两次当地的民生新闻热线。接线员记录了他的简单陈述，告诉他如果选题被选上，会有电视台的人联系他。但他一直没有接到电视台的电话。小龙要回打工的城市，临走前他向父亲龙某撂下两句矛盾的话：一、他不管了，反正他也不在家里住；二、春节回家时，如果还是这个局面，他叫人来拆了养殖场。

2. 原子化村庄：核心家庭本位与农民团体化内生机制建构困境

贺雪峰认为，在当前转型时期，不同区域农村对私利或私域的定义有所差异。其中最基本的"私"，大都是以核心家庭为单位的户，而非个人，其上还有可能有小亲族、家族、宗族等。"私"的实质是一种"我们感"，一种基本的内部人认同。[1] 从J村污染纠纷事件的实践来看，核心家庭确实是基本的行动单位。这主要体现在两点上：1、当核心家庭的利益受到威胁时，龙某果断打电话叫回了儿子小龙，上阵父子兵恰恰体现的是不分你我的"我们感"；2、龙某要去告养殖场业主，想与其他受害邻居结成同盟，但除了几户象征性地在"事实说明"上签了字以外，其他的以核心家庭为界的行动单位并未采取实质性行动。甚至，当环保局、镇政府人员来J村开协商会议时，他们也没有参加。治理污染本是社区内的公事，涉及的也是公共利益，但公事在实践与运行层面却变成了核心家庭（龙家）与核心家庭（业主家）之间的私事。这凸显了转型期农民公私划分的边界鲜明性。谭同学的"核心家庭本位"[2]与徐晓军的"内核—外围"模型最大的贡献也在于指明了这内外有别的分界。

徐晓军认为，经过市场多年的渗透，乡村社会个体的社会关系系统已经呈现出明显的内核与外围两极分化结构，乡村社会关系的外围已高度利益化，内核部分则高度情感化[3]。上文中笔者根据龙某在村庄内部寻找盟友的过程、结果绘制的动员及签字情况表则修正了徐晓军的理论。

---

[1] 贺雪峰：《公私观念与农民行动的逻辑》，载《广州社会科学》，2006年第1期。
[2] 谭同学：《桥村有道——转型乡村的道德、权力与社会结构》，北京：生活·读书·新知三联书店，2010年，第441—457页。
[3] 徐晓军：《内核—外围：传统乡土社会关系结构的变动——以鄂东乡村艾滋病人社会关系重构为例》，载《社会学研究》，2009年第1期。

从事实上讲，J 村的每一家住户都受到污染侵袭，但因距养殖场及自然坑①的远近和方位不同，他们受到污染的程度也不同。徐晓军强调，核心家庭以外的关系系统维持主要靠的是利益，他将情感与利益对比来看，但利益一词是比较模糊的，有时利益与情感也非完全对立。具体操作层面，农民的考量会顾及各个方面。J 户主人是龙某的亲弟弟，他首先响应龙某的动员。离得较远的 M 户第二个签了字，M 户主人与龙某是好朋友，以前同在一个工厂打工。F 户、B 户离养殖场、自然坑①较近，受污染较重，关起门来他们愤愤不平，但出了门又不愿惹麻烦，现在龙某出头，他们乐得签字。D、K、L 户在环保局下了七天整改书后签字，他们或许意识到 A 户龙家确实要动真格的。前文讲到，养殖场业主石某已在城内购房，平常很少出入村庄。如果不是回村建了个养殖场，如果不是养殖场造成了严重的污染，他跟村人的联系已经不多。石某虽然脱离了村庄普通家户层，但因父母还生活在村内，过年一般会回来。石某喜好打麻将，D 户主人也是个爱玩的人，石某与 D 户主人不见得有什么交情，但过年时会凑在一起玩牌。K 户与 J 户挨着，邻居关系相处不错，签字时龙某弟弟也在场。L 户早年与养殖场业主石家因灌溉起过冲突。I 户支持龙某为村民伸张正义，但 I 户主人认为，他家距养殖场远一些，就不签字了。E 户离自然坑①较近，受污染也较重，但 E 户主人受聘于养殖场，某种程度上，E 户主人既是污染的制造者又是污染的受害者，龙某没有去动员。养殖场若真被强行关闭，E 户主人也就失去了赚外快的机会。龙某也未去动员 C 户，C 户素与龙家不合，从父辈起两家关系就很僵。从动员及签字情况表下所隐藏的诸多算计来看，徐晓军所谓的核心家庭以外户与户的关系维持机制主要为了获取利益的说法值得商榷。整体而言，不如用理性化权衡代替利益获取作为村庄内部核心家庭以外农民行动逻辑之纲领更为准确。

户与户之间交往上的理性权衡是作为最主要的资源分配方式的市场力量持续作用的结果。理性化肢解了血缘和地缘网络，打破了传统内生秩序，也使得村庄内部固有的组织系统濒于瘫痪、组织能力丧失殆尽。而作为国家利益代理人和村庄利益当家人的村干部在此事件中扮演的却只是双重边缘化[1]的角色。他们无意怠慢行政任务，主观上也愿意为村民办事，而且此污染纠纷中，政府与大部分村民的利益诉求是一致的。但石某建养殖场时肯定得到了村两委的同意或默认，若要深究或问责，村干部脱不了干系。正因此，他们消极作为，两头应付。他们本来具有国家和村民双重主体授予的行使公共权力的合法性，本应作为主持村庄公道者出现，却最终只成为村庄的"守夜人"和"撞钟者"[2]。赵旭东、辛允星通过对基于乡村社会状况的问卷统计资料的分析指出，尽管在改革开放以后，乡村基层干部面临着社会权力持续弱化的现实，但是他们在基层政治中的主导地位并没有发生根本变化[3]。他们得出结论的依据是如今的村庄场域中大多数人仍然会将"找村委会"作为解决诸如宅基地纠纷、邻里矛盾等的方式和途径。然而，赵旭东、辛允星似乎混淆了"找谁解决"与"谁能解决"之间的区别。村庄中大多数人遇事找村委会，并不代表着村委会的权威地位没有动摇，村民有可能只是出于惯性或无奈而为之。只有村民找了村委会，村委会大多数时候又能解决纠纷时，村委会在基层政治运作中的权威效应才有可能持续生产。但本节来自J村的个案经验，显然并非如此。总之，从内部看，村庄确实变成了一个以核心家庭为孤立单位的原子化村庄，而娄世桥所言村庄原子化是一种趋势而非结果[4]的论断也切中肯綮。然而换一个立足点，如果从建构新的团体机制的角度看，原子化已经是一种村庄濒于解体的状态，原子化的趋势也已发展到了尽头，它亦慢慢变成一种描述村庄状态的横切面上的结果。小龙走出村庄，他去了环保局、去了镇政府。户与户之间的理性化权衡使得大家孤立无援，但村庄公共利益的维护又确实有赖于某种人人信奉的权威力量的介入。也正是从这个视点看，原子化的事实内生了团体化的诉求，理性化开始恐慌于自己的毫无束缚。在家庭间

---

[1] 吴毅：《双重边缘化：村干部角色与行为的类型学分析》，载《管理世界》，2002年第11期。

[2] 吴毅：《"双重角色""经纪模式"与"守夜人"和"撞钟者"——来自田野的学术札记》，载《开放时代》，2001年第12期。

[3] 赵旭东、辛允星：《权力离散与权威虚拟：中国乡村"整合政治"的困境》，载《社会科学》，2010年，第6期。

[4] 娄世桥：《慎防村庄原子化阻滞中国现代化》，载《中国乡村发现》，2007年第6期。

很难组织起来与组织起来可获得较大利益的矛盾中，村庄持续生产着某种渴望，于是，村庄由"送法下乡"时代过渡到"迎法下乡"时代，甚而当单个家庭之利益受到重大损害且又无法获得村庄内团体组织力量的救助时，"迎法下乡"又过渡到"拉法下乡"。

3. 原子化村民：代际分工与农民团体化外源机制形塑困境

在A户龙家寻求村庄外公正力量帮助的过程中，首先值得注意的一点是，年轻的小龙成为龙家以及其他受害家庭的利益代言人。他奔走于环保局和镇政府之间，希望一次次燃起，又一次次破灭。最终，在事情依旧深陷泥淖之际，他选择离开。离开时还留下气话，他不管了，反正他也不在家住。徐晓军建构内核—外围模型时根据乡村艾滋病人家庭关系相对恢复较快的田野事实，指出核心家庭内部是高度情感化的[1]。这一结论无法反驳。但家庭是一个再复杂不过的研究单位，家庭内部的情感表达也因人而千差万别。徐晓军并未指出家庭关系恢复程度的衡量指标，他用极端的案例和可疑的推理方式导出了一个似乎不证自明的结论。在J村污染纠纷案例中，核心家庭本位是农民的行动逻辑，然而当核心家庭与村庄外部的行政力量互动时，核心家庭中的年轻人唱起了独角戏。这种维权和利益表达方式上的代际分别可能由多种原因造成，但无论原因是什么，我们想追问的是，它会不会对家庭关系产生影响？陈柏峰在皖北李圩村的调查呈现了另一番图景，"年轻人对父辈的剥夺越来越严重，也越来越赤裸裸，孝道日益衰落，年轻一代的兄弟关系越来越离散……当前李圩村的家庭关系所体现出来的是农民价值世界的倒塌"[2]。小龙无功而返时的气话宣泄的是种无奈，这无奈并不指向家庭内部，也不一定对情感共同体有所损益，但在个人主体性越来越鲜明的当前社会，这无奈确实有可能催生家庭内部情感表达方式的变化。

汪国华在《大共同体与差序格局互构》一文中认为，污染企业通过将大共同体与差序格局互构的方式再生产着污染。农民组织起来形成的小共

---

[1] 徐晓军：《内核—外围：传统乡土社会关系结构的变动——以鄂东乡村艾滋病人社会关系重构为例》，载《社会学研究》，2009年第1期。

[2] 陈柏峰：《农民价值观念的变迁对家庭关系的影响——皖北李圩村调查》，载《中国农业大学学报》（社会科学版），2007年第1期。

同体的积极抵抗是解决这一难题的最有效方法[1]。J村养殖场业主石某本来只不过是J村一个农民，融入政府、环保部门、媒体等大共同体的能力非常有限，进一步建构差序格局的能力几乎没有。换一句话说，业主石某并没有与镇政府、环保局工作人员建立起私人关系，最多只与村书记、村主任有些利益往来。即使在如此简单的背景下，镇政府也无解决这起对错显而易见的污染纠纷的意愿，只不过在看到联名书后惧于群体性事件的发生才出面调解。冯仕政认为，差序格局并未随着我国国家社会主义向市场社会主义的转型而消失，每个人依旧遵循差序格局来构建自己私人的"势力范围"。如此，国家对公民利益的保护也出现了差别。那些社会经济地位低、社会关系弱的人，无法使自己的环境利益被国家所重视，只能充当"沉默的大多数"[2]。龙某一家并不想成为沉默者，小龙也是一个努力呐喊的人，但他们的声音最终只转化成了心中的郁闷。吴毅在对一起石场纠纷的解读中指出，农民利益表达之难以健康和体制化的成长，从场域而非结构的角度看，可能更加直接导因于乡村现实生活中各种既存的权力——利益的结构之网的阻隔[3]。吴毅的结论针对的是干群纠纷，J村污染纠纷只是个民事案件，并不过多涉及镇政府自身的利益。相反，对于政府而言，这恰恰是一个机会。政府作为公权力载体完全可以以正义角色介入民事纠纷，并在纠纷的解决中树立威信。这是地方政府最有效也是最有可能搭建起的与民交好的途径、渠道。但镇政府包括后来的环保局奉行的是多一事不如少一事的原则，面对村民的投诉，他们能拖则拖，不能拖就勉强敷衍。吴毅在《小镇喧嚣》中对乡村基层政治运行逻辑进行了独到的评述。他认为，当基层组织缺乏有效解决问题的资源和手段时，"拖"有可能成为他们借以躲避矛盾的一种被动和无奈的选择。（正如饭桌上吴部长向小龙说的那样，"你让我们怎么办？我们也难呀！"）拖得久了，看不到

---

[1] 汪国华：《大共同体与差序格局互构：我国农村点源污染治理困境研究》，载《中国农业大学学报》（社会科学版），2012年第1期。

[2] 冯仕政：《沉默的大多数：差序格局与环境抗争》，载《中国人民大学学报》，2007年第1期。

[3] 吴毅：《权力—利益的结构之网与农民群体性利益的表达困境——对一起石场纠纷案例的分析》，载《社会学研究》，2007年第5期。

解决问题的希望,农民也没有耐性,失去了继续抗争或维权的动力,事情也就不了了之,从而使治理者摆脱(或者至少是暂时摆脱)某种矛盾困境。[1]

基层政府及环保部门的行动逻辑并非本节探讨之关键,它只作为一种既定状态——当小龙心怀"拉法下乡"的信念走进镇政府和县环保局时不得不面对的状态——而存在。很明显,小龙想要"拉"的法并非一套现代司法制度、体系,环保局工作人员最后建议小龙去法院起诉时,小龙并未将这起污染纠纷拖入司法程序。这也是种理性化权衡。当前的乡村,法律更多作为一种治理术而存在。运用法律手段解决村庄纠纷的物质成本、时间成本、心力成本都太过高昂,法律救济的通道也过于狭窄。即使通过法律途径取得了官司的胜利,判决是否能够执行以及能在多大程度上执行也是个玄而又玄的事。如果折腾了一番养殖场业主依旧拒不执行,到时还是得靠政府的督促、强行执法,小龙还是得去找政府。养殖场对周围环境造成的污染一目了然,各利益方甚至包括石某、肖某对此也一清二楚,绕一个圈子用法律知识来证明这个事实并不必要,关键的不是法律知识的运用,而是作为一种公共、正义、强制力量的法的参与和介入。小龙希望通过传统的诉怨方式、将纠纷政治化和事件化处理的手段来"拉"这种正义力量下乡,这或许是纠纷最有效的解决方案,但小龙"拉法下乡"的意图遭遇了镇政府及环保部门"拖"的管理术。外来的作为公平和正义象征的法无法入村,原子化的小龙呼救无援,农民团体化外生机制形而未塑,困境重新产生。

4. 村庄的去权威化

J村污染纠纷的事件及过程作为一种"流动着的社会事实"形象地揭露了当前乡村社会的情、理、法运作逻辑。村庄内部,核心家庭成为孤立的行动单位。核心家庭以内,人们没有对"私"的过多考量,家庭是讲究情感的,但个人主体性意识的提升、基于代际差异形成的观念及行为方式的不同正影响着家庭共同体情感的表达;核心家庭以外,农民的行动指南

---

[1] 吴毅:《小镇喧嚣:一个乡镇政治运作的演绎与阐释》,北京:生活·读书·新知三联书店,2007年,第716页。

和关系维持靠的是理性化权衡,其中经济利益、情感利益乃考量之重要方面。农民以核心家庭为堡垒的理性化行动逻辑直接导致了村庄内部团体化力量、机制的生成不足,作为国家利益代理人和村庄利益当家人的村干部又已经转化为村庄的"守夜人"和"撞钟者",两方面的互动致使核心家庭间无法迅速而有效组织起来以抵制破坏公共利益的行为。也因此,村庄内生了对某种外来公正力量进入村庄的迫切渴望。但当前的司法实践实态以及地方基层政府等权力部门的运行现状却满足不了这种渴望。目前的农村社会,在情、理、法三种逻辑的交织互动下,已经变成了以核心家庭为单位的一把把散柴,农民自己造不来捆柴的绳子,外来力量又无法提供,村庄整体陷入一种团体化建构困境之中。小龙临外出打工前撂给其父龙某的最后一句话发人深省,春节回家时,如果还是这个局面,他准备叫人来拆了养殖场。黄海、陈柏峰等青年学者都关注到了农村社会的灰色化现象,并将此现象作为博士论文选题作了细致研究。本节通过对一个微观的情景化实例的深描,再现了村庄中情、理、法等多重逻辑的交织与运行如何一步步催生了横暴的力,又如何为灰色势力的滋生与蔓延提供着可能性与可行性。

三、案例:黔东南 W 村介绍及乡村振兴现状

(一)文化与生态

W 村位于雷山县达地水族乡南部,与三都县巫不乡接邻。村委会距乡人民政府 22 公里,2006 年年末通车,2015 年通沥青路,全村面积约为 8 平方公里,共有 10 个村民小组(上排兄组、下排兄组、凯辽组、阶力组、乔撒组、中寨组、乌空组、老寨组、也辽组、阳寨组),10 个自然寨,目前全村有 296 户 1293 人,全村现有党员 16 名,女党员 2 人。村民分属水族和瑶族两个民族。水族人口较多,约 700 人。组别、民族身份与姓氏的对应关系如下:

组别	也辽	老寨	阳寨	乌空	乔撒	阶力	中寨	上排兄	下排兄	凯辽
姓氏	王	王	杨	邓、盘	邓、盘	王	潘、韦	潘	潘、王	潘
民族	水族	水族	水族	瑶族	瑶族	水族	水族	水族	水族	水族

由上表可知，瑶族主要居住在乌空、乔撒两个村民组，有两个姓氏：邓、盘，其他组皆为水族。水族有四个姓氏：王、杨、潘、韦，其中，王姓、潘姓是W村水族的大姓。水族村民在村里交流时说水语，瑶族村民在与本民族成员交流时说瑶语，与水族村民交流时说水语。进一步的调查得知，W村是个迁徙而成的村庄。水族主要由三都水族自治县迁来，瑶族从广西迁来。因为迁居具体时期、地点不同，水族的王姓、潘姓内部也错综复杂。但是村内有约定，同一姓氏，即使不同组、不同迁居地，也不能通婚。总的来说，与居住较为分散的地理格局相配，村庄主要由行政的力量捆绑，内部基于血缘情感的联结较为松散，利益诉求多元化，且盘根错节。

村内水族人口多，地理位置毗邻三都水族自治县，虽与三都境内所有人口皆为水族的村庄相比文化上已经出现了较大差异，但水族特色文化还是得到了很大程度的保留。比如对W村的水族同胞来说，过端节依旧是一个比较隆重的节日。

W村组与组之间居住较为分散，村内有完小一所，可从学前班上到六年级，现有教师9名，学生143人（学前班24人）。有村卫生室一所。村委目前临时租用农户房屋办公，村委综合办公楼新建项目正在建设之中，目前已经完成封顶和内部粉刷，预计11月底完工。到2019年年底，阶力公路、阳寨公路、排兄公路已经完成硬化，乔撒公路尚未硬化，也辽公路还未实施。W村目前全村通电、通水、通信已经实现全覆盖。

W村总耕地面积700亩，山林面积15000亩。地处中亚热带季风湿润气候区，气候温和，雨量充沛，自然条件较好，适宜粮食作物和茶叶等经济作物的生长。目前产业主要是家庭黄牛、黑毛猪养殖和稻田养鱼。野生资源主要有楠竹、八月笋、野蜂蜜等。

（二）经济与政治

外出务工和居家务农是 W 村居民主要的生计方式。其中，外出务工的经济收入是家庭收入的主要来源。近些年，W 村也开始尝试种植茶树等经济作物。

通过走访调查得知，近些年村庄内经常被村民议论的是一起茶叶项目入村事件。

2013 年，乡上的茶业站站长兼任 W 村村委书记，由他及村庄其他领导牵头，决定承包中寨、乌空、乔撒三个组的林地（大部分归组集体所有，小部分已分给农户）约 1300 亩，用以种植茶树。据村民讲，这是州里扶持民族村寨产业发展的大项目，村、乡联合申请到的。当时，大部分青壮年在外务工，几个热心公共事务的村民作为三个组的村民代表被组织到乡里开会。乡上、村里定的承包价是每亩每年 6 元，临时的村民代表觉得承包价太低，双方协商，最后定每亩每年 14 元。合同已经打印，代表们也表示回去会说服其他村民，正要签字，村上的领导发表了不同的意见，认为承包价太高。双方再次协商，最终并未达成一致意见。但茶树苗很快被拉到 W 村，眼见着茶树苗要死掉，村上又与村民沟通，召集三个组的村民，在村委会吃了一餐饭，每个小组给了 1 万现金，算是第一年的承包款。村民们还有异议，各小组写了条子，规定第二年的同一天再付租金，同时栽种要有层次，即先种坡上再种坡下。条子上还涉及其他具体事宜。在得到村领导的口头答复后，村民们没再阻拦，树苗被按批次种到坡上。在坡上还未种完的情况下，工人先种了坡下的土地，还用挖掘机把地里的沙树挖了，并且，第二年的同一天，村民们没有领到租金，矛盾便发生。

从村民的角度来看，此事件还存在颇多疑问。是谁要承包这一片山地，某一公司还是村上或乡上的行政人员？项目是怎样申请怎样审批又是怎样发包的？资金有多少？项目最终不了了之，是否验收了？怎么验收的？如果没有验收，资金是否到位？到位多少？

村里还有另一件种植茶树的事例。十几户农民在县林业局的号召下，种了二十多亩青钱柳。树苗是林业局统一发放的，当时农户主动种植，是因为林业局负责此事的工作人员承诺，每亩补助1600元。而结果，两年过去，补助款一直未下发。问村支书，支书说，这个钱，他也不敢保证，林业局不给，下次大家一起去问。再问林业局，负责这个事的人已经调走，去到另一个县。有村民打电话给负责人，对方说忙。再打电话，还是说忙，并解释，钱是有的，只是没过来验收。当然，即使没有补助款，种植青钱柳的十几户农民也无太大损失。只不过占了土地，茶苗大了，无法再间种蔬菜，而将来青钱柳茶能否有收益，也未可知。

由于W村原系"拼凑"型村庄，几代以前并不居于此地，虽然村内也存在着相对紧密的姻亲关系，但村庄内部的原发性纽带力量并不强。因此，长期以来，组与组、族与族、姓与姓之间，甚至同一姓氏不同居民之间往往各行其是。这种内部利益诉求较为复杂的村庄，公共品的供给更有可能遭遇困境，从治理层面也能看出端倪。

（三）社会生活

党的十九大胜利召开，标志着中国特色社会主义进入以习近平同志为核心的社会主义新时代，乡村振兴战略成为中国农村社会的语境与实践的指南，按照"产业兴旺、生态宜居、乡风文明、治理有效、生活富裕"的总要求，乡村振兴战略成为新时代解决中国"三农"问题的理论与方法指导。乡村振兴是具有非常高的政治抱负和广泛实践意义的国家发展战略，是需要调动一切积极因素来执行的民生工程。

有效的村庄公共事务治理作为乡村振兴战略中必不可缺少的要求，是保持村庄社会持续发展和维持村庄公共品供给的重要基础。受到地理位置、经济发展水平、历史沿革、村民意识等因素的影响，民族地区乡村发展呈现出较为明显的滞后性。民族地区村庄特别是地处边远山区的村庄正处于传统型村庄向现代型村庄转变的阈限状态。基于此，通过了解民族村庄公共事务治理的困境，并针对性提出解决困境的措施，促进公共事务的良性治理，这在一定程度上可以促进民族地区村庄社会的转型和实现治理有效。公共事务治理理论将公共事务划分为政治性公共事务和社会性公共事务两个类别,前者指依赖国家强制力进行社会管控、维护社会稳定所采取的公共事务行为,后者指社会为便利民众生活开展的具有满足广大群众需求的事务。关于"公共事务"的问题,学术界从不同专业、不同角度进行了研究,著作丰富。在公共治理制度化层面上,汪杰贵指出"通过重构乡村社会资本来拓展公共服务制度和提高农民自给能力"[1]。在治理行为主体上,章也辉通过农村垃圾问题分析乡村公共事务治理中的"政府职责"[2],王晓莉讨论了"村民小组建党支部+村民理事会的分宜模式"[3],汪锦军认为农村公共事务治理应该是"政府在很长一段时间内占主导和坚持农民主体地位并举"[4]的漫长过程,有学者建议应鼓励"农村社会组织""村庄人才""宗族"等群体融入到村庄公共事务治理中来。在村庄治理面临的问题层面,王亚华认为,从"集体化"向"个体化"的转变导致集体行动力衰落的治理危机出现[5]。分析民族地区村庄公共事务治理问题,应该注意到村庄的民族性和地域性特征,注重民族地区村庄内部治理力量的挖掘。

W村是典型的"合成型"和"拼凑型"村庄,村内家族盘根错节,各家族迁入时间、地点都不相同。虽然村内居民不同姓氏之间可以通婚,但历史上遗留的家族矛盾仍然时隐时现,经济来源结构单一,要想实现村庄"治理有效"任重道远。近年来,人员流动频繁,教育越发普及,该村村民思想开始发生转变,在大学生群体的影响下,组织能力有了提升。W村2006年修通村公路,2013年修通沥青路。该村建有小学1所,学生大多来自本村,虽然小学的建校历史悠久,但截至2019年,全村大专以上学历者仅有60余人。

---

[1] 汪杰贵:《乡村社会资本视阈下的农村公共服务农民自主供给制度研究》,浙江大学博士论文,2012年,第110页。

[2] 章也微:《从农村垃圾问题谈政府在农村基本公共事务中的职责》,载《农村经济》,2004年第3期。

[3] 王晓莉:《农村公共事务治理的现状与推进——"村民小组建党支部+村民理事会"的"分宜模式"》,载《中共中央党校学报》,2016年第2期。

[4] 汪锦军:《农村公共事务治理:寻求政府主导与农民主体的平衡》,载《行政论坛》,2009年第1期。

[5] 王亚华、高瑞、孟庆国:《中国农村公共事务治理的危机与响应》,载《清华大学学报》(哲学社会科学版),2016年第2期。

1. 首届春节民族文化活动

调查得知W村于2019年年底组织并举办首届春节民俗文化活动，本次活动是村民自组织的群众性娱乐活动。本次活动由村两委主办、青年团和春节活动组委会承办。2019年11月中旬，在县城某中学担任老师的村民盘某起头，召集全村大学生来商讨举办春节活动事宜，他们包括在职人员、在校人员共11人。据悉，最初举办此次活动的原因有三：一是想通过举办活动来改变春节期间村民聚众喝酒、赌博等不良现象，创造村民交流平台；二是受到周围村寨的影响，民间认为举办相关活动是村庄社会可持续发展能力的评判之一；三是想通过举办活动来吸引社会各界眼球，发展旅游业。活动经费筹备前期主要采取第二种方式，撰写倡议书、编写宣传海报，然后通过QQ、微信朋友圈、实地张贴海报等形式向社会各界扩散。后期，通过组织青年团成员等志愿者入户宣传，确保每个村民都知道举办活动的消息并鼓励参与进来，根据自身情况提供爱心捐赠（不作强制要求）。值得注意的是，在入户宣传时，如果以村两委的名义宣传或筹备资金，不一定能得到村民的认可，反而以"我们村的大学生和年轻人自己举办活动"的口吻更有效果。

成立过程和人员构成。 据悉，举办春节活动的意愿早在几年前就在该村大学生及有志青年的身上表现出来，奈何当时这种"力量"不是很强大，村民意识也没有得到提升，没能举办成功。两三年后，越来越多的年轻人接触到外面的生活，参加过很多村庄举办的各类活动，于是回归审视自己的家乡，他们也认为的确是该做一些什么。春节活动组委会由W村青年大学生、W村知名人士和村两委负责人构成，其中青年大学生是主力军。W村知名人士具体包含在各个单位上班的在职人员、热衷村庄公共事务的村民以及部分有较多社会经历的中青年村民。

活动组织的难点与重点。 该村经济发展相对滞后，加上家族势力的影响，村庄的公共性没有得到较好的培养，对于"集体的事"，村民们往往持"棒打出头鸟"的观点。因此，活动组委会的每个人都面临着来自家人和社会的舆论，家人不支持，他们认为做这事会被村里的人嚼舌根，影响名声；社会的舆论包括"变相收钱"和"完成任务"两种态度。大部分村民在没有了解具体情况之前，听到关于收钱的消息，首先就会默认是村两委又在收钱，至于收钱去干什么，在他们看来无非就是"贪污"。

举办活动，最重要的就是经费的筹集，这是活动组织的难点和重点。农民既是农村发展的设计师也是负责人，依靠农村群众，相信农村群众能够自我发展是党关于群众工作的重要内容。举办活动是群众性娱乐项目，离不开群众。活动的经费也需要农民群众的支持。调查数据显示，本次活动共有326人捐款共计34485.59元，其中村内居民捐款24742.88元，约占总捐款数额的72%，外界爱心人士共117人捐款9742.71元，约占总捐款数额的28%。

"我们终于可以参加自己村组织的活动了，不用跑到也蒙（其他村）那么远，心里很高兴。"（来自W村某水族村民的感慨）"虽然唱歌项目组织得不是很好，但是老年篮球赛、斗鸡斗鸟等比赛充分考虑到了村里面的老人和小孩，这很好。"（来自水族老支书的访谈内容）"今年终于不醉酒了，客人来了可以邀请他们去看比赛，看热闹"……春节活动的举办是村民们所津津乐道的事情。村两委也表示，"开展群众性文化娱乐活动也是民生工程，我们应该大力支持。"从调查中的民意感受来看，首届春节活动的举办获得村民群众的一致好评。

2. 疫情防控

2020年新冠疫情席卷全球，"封闭式"管理成为中国各个地区疫情防控的关键办法。W村地处三州四县的交界地，人员流动较为频繁，这为疫情防控增加不小难度。疫情防控需要大量的人力，在"无私奉献"的情况下需要充分动员广大的农村群众。在村微信交流群中看到"关于自愿参加疫情抗战的倡议书"后，村内大学生志愿者们纷纷报名，以"疫情防控小组志愿者"的名义向村党支部递交"请战书"。疫情防控小组志愿者共由18名成员构成，他们包括12名水族青年，6名瑶族青年，其中13人为返乡大学生，4名已参加工作的青年和1名初中二年级学生。在村党支部的领导下，他们分成清洁、消毒、宣传和卡点执勤四个职能小分队。清洁小队负责全村各寨的垃圾清理等工作，对全村每家每户房前屋后的垃圾、主干串户路进行卫生清洁；消毒小队成员由医学院学生组成，在"村医"的统一指导下，穿戴防护服，背着消毒液箱，进行全村消毒工作；宣传组走寨串道，手持扩音器，把新冠病毒及其防护知识翻译成少数民族语言进行宣讲；卡点执勤小队口戴白口罩，手持体温枪，配合相关疫情防控人员对来往人员进行体温测量、劝返等工作。

组织过程。新冠疫情的消息传出来后，县人民政府印发《关于印发突发公共卫生事件一级响应实行社会管控措施的通告》的红头文件，开展全县的疫情防控工作。随后，各个行政村纷纷响应，设置疫情防控哨卡。W村地理位置偏远，年前务工返乡人员较多，疫情防控仅依赖村两委成员，人手明显不足，存在较大的困难。基于对上述情况的认知，该村18名青年大学生于2020年1月10日联名向村党支部投递《抗击疫情请战书》并获得村两委领导的同意。按照村抗战指挥部的统筹安排，该小组成员承担协助工作。调查发现，该志愿者小组是由某盘姓瑶族青年（县中学教师）率先报名的，后又有几位青年大学生加入并编写了倡议书。

我们可以从对内和对外两个层面来分析该行为的社会效果。首先是对内即对村庄而言，该村大学生自发组织的疫情防控小组不仅对该村的疫情防控工作作出贡献，更能让村民感受到来自大学生群体的温暖，让村民们知道并相信大学生的作用及能力。其次是对外，据悉，W村疫情防控小组得到相关领导和社会各界的关注，在相关媒体的点击量累计超过3000人1次，许多行政村进行了效仿。

3. 串户路硬化事件

2016年，由村内某组两个比较有想法的年轻人（称之为Y和Z）牵头，组织全组群众来硬化组内的交通步道，方便大家生产、生活。以户为单位收集资金，每户600元。为了让大家都参与到这个事情中来，他们制定了关于红白喜事的"村规民约"，大致内容有"如果谁不参与，以后他家发生了红白喜事，大家都不去帮忙"等共六条，并让交了款的家户在上面盖红手印。但是，有的家户交了600元，有的交了500元，有的交了300元，有的直接不交，因此事情一直拖着没有办成。到2018年年底，这两个人向村里招人，按照10元1小时的工资干活，有少部分人去做。2019年，政府出台相关政策，村内所有串户路由政府出资，政府招人来做，并于年底完工。2020年3月,牵头人组织会议,共同商讨钱要怎么退的问题。会议围绕"部分农户已经修了一些路,功劳算不算"这个问题展开,最后主要形成两个处理意见:一是要求没有交钱的农户把钱补齐,然后计算干活的人的劳工费,由公款支付,剩余的钱平均退回;二是这些"劳工费"要么不算,要么向政府要,农户交的钱原数退回。该事件最后的处理办法是农户的钱退回,"劳工费"从国家发放的救灾款(分到村民小组)中发放。

(1)事件的组织者

2000年以后的中国农村在城乡一体化建设、社会主义新农村建设、农村精准扶贫等政策执行中得到进一步发展,不管是经济领域、政治领域、文化领域,还是生态领域,农村都发生翻天覆地的变化。体现在公共事务治理上则是从以村两委为中心的"一元"到主体协商的"多元"的转变。20世纪90年代以来,W村村民也不可避免地融入"打工潮"。毋庸置疑,打工成为有效增加村民经济收入的最快和最直接方式。和硬币有正反两面一样的道理,任何事物都有正反两面。打工促进了农村经济增长的同时,也给村庄带来了空心化、原子化等问题,而这些问题在一定程度上重塑了村庄社会结构。于是,在"新"结构的影响下,村庄公共事务治理也自然而然地面临一些新困难。串户路事件发起人之一的Y是当地文化水平较高且比较有威望的人,其爷爷和父亲都曾担任过该村的支部书记,其家族在当地可以说是"名门望族",而Z是该地村医之子,家族虽不及Y家族强盛,但也具有一定的影响力。这两个家族大部分人员常年居家,是该组甚至该村的"中坚农民"[1]代表。传统时期的村庄社会依赖血缘、姻亲和这两者催生的地缘来发展社会关系,血缘的认同、姻亲的亲戚关系以及地缘归属使得村庄场域成为"机械团结"的人们共同体。马克斯·韦伯把权威分为超凡魅力型权威、传统权威和合法权威三种,熟人社会催生的"民间权威"即是传统权威和超凡权威的结合体。在W村,具备传统权威的有相对固定的人群,一是调解日常矛盾纠纷者,负责协调和维护地方稳定,是"公证人",具备国家相关法律知识,可以帮助村民解释国家律法,同

---

[1] 贺雪峰:《农村社会结构变迁四十年:1978—2018》,载《学习与探索》,2018年第11期。

时又具备地方调解能力；二是重大事件的组织者，如丧葬婚姻等，称之为"总管"；三是懂得民族历史、历法、村寨历史的寨老。Y 和 Z 是具备传统权威和个人超凡魅力权威基础的。"这些路不好走，特别是下雨天，非常难走，把它硬化了，方便大家。"在这样统一的看法之下，Y 和 Z 决定集中全组村民一起，讨论串户路的具体硬化事宜。

(2) 事件动员过程

串户路硬化事件，最初由村民自发组织，这就需要组织者具备一定的动员能力。在谈论农民的动员之前，必须先了解这个村民小组的居住特点。空间上，全组分为上下两个部分，其中大部分人口集中在上半部分，只有少数的 7 户人家住在下半部分，上下两部分间隔约 1 公里，全组耕地主要集中在下半部分；在家族分布上，全组共有 5 支家族，其中 3 支家族在上半部分居住，2 支家族在下半部分居住。上文说到，W 村整体上是"拼凑型"和"家族型"村寨，缺乏内生性力量。因此，就 W 村而言，能否组织与动员起民众就成为影响村庄公共事务治理的重要因素。家族矛盾是影响村庄动员的一大因素。据悉，该小组各家族间在历史上发生的矛盾影响至今，虽然这些矛盾不挂在嘴边，但却刻在他们的心里。以两个王姓家族（用 A 和 B 代表）为例，故事发生在 20 世纪 90 年代末，当时的 A 家族刚从外面搬入该村不久，而 B 家族早在以前就已搬过来，B 家族经常仗着"兄弟多"欺负 A 家族，并扬言要将 A 家族赶出村庄，在生活上处处排挤，就连红白喜事上，都未顾及水族"食素不食荤"的禁忌，而 A 家族只能在依附地位上夹缝求生，后来社会治安进一步稳定，在长期的共同生活中，虽然两个家族间的矛盾依然存在，但有所缓解。当下这种矛盾依然存在，只是斗争形式由直接转为间接，体现在公共事务治理上就是要"看人来做事"。"他们以前对我们坏，现在也不要帮他们。"这是串户路硬化事件上那些不参与、不交钱现象存在的原因之一。"这条路到底是谁在用"也是影响动员效果的因素之一。该小组上半部分到下半部分有两条路，其中有一条是大部分农民用，另外一条只有少部分人在用。串户路硬化规划只修大部分人用的那一条。"我们又不走那条路，即使要走，也要绕一大圈，没必要，如果还修我们这边这条路，我们才愿意交钱。"最后，调查发现，当地农户普遍存在两种心理：一是农村公共服务都在等国家等政府等政策来提供，二是完善公共基础设施可以，但不能用到农民自己家的东西。等国家等政府等政策的原因并不是农村没有能力来完成这种"公家"的事情，而是在农户看来，最担心的是大家筹资款数不能得到公示或者不能全部用于项目建设、不能保证大家（每一个家庭）都会交钱、出力，如果有人没交钱物却仍然享有使用基础设施的权利，那自己就是"亏的"；"不能用农民自己家的东西"的心理，是农户渴望获得更好的公共品供给却不想损害自家利益的矛盾纠葛的产物。

各种影响因素的存在，使得串户路硬化工程实施起来困难重重，特别是在筹资问题上。前期"主动"筹资的阶段，效果不好，只有少部分的人交钱。无奈之下，牵头人制定了建立在红白喜事的规则之上的"村规民约"，大致内容有"如果谁不参与，以后他家发生了红白喜事，大家都不去帮忙"等共六条，并让交了款的家户在上面盖红手印。在"乡规民约"的威严下，绝大部分农民交了钱，但少部分人会找诸如"我最近没钱"这样的理由来推辞，不是所有人都能按600元的标准交。为了收集到目标资金，Y和Z只能"来者不拒"，不管交多少都收。

（3）成效及影响

在没有筹到建设款之前，Y和Z曾自掏腰包，花2000多元购买了托运水泥用的钢丝绳，并将绳子架设在将要硬化的道路旁。2018年年底，筹资了两年，并未能按照600元的标准收齐款项，村民的议论声越来越大，串户路硬化工程已经不能再耽搁。于是Y和Z开始招人干活。整个组分为上下两个部分，上寨的人多，招到的工人也几乎全是上寨的人，因此决定先从上寨开始硬化。经过约一个月的时间，上寨所有的串户路按照1米的规格基本硬化完成（包括那些没有交钱的家户门前也硬化到了）。停了约半个月，准备继续硬化下寨的串户路。上下寨之间隔有约1公里的下山小路需要加宽，Y和Z安排几个人先把这段路加宽。大约2天的工程，这段路按照1米的规格加宽完成。就在快要组织继续动工硬化时，村里通知了村内所有的串户路由政府来硬化的消息，工程停止。准备了长达四年之久的串户路硬化工程，在政府相关政策的影响下改变了性质。政府与村庄公共事务的互动关系总的来说有三种方式，第一种是政府让村民先内部自发地满足公共品的供给需求，然后以"验收"的方式下拨相关款项来报销；第二种是"政府出资，村民出力"的方式，政府直接把建设资金交给农民；第三种是政府通过购买公共服务的行为来实现农村公共品的供给。显然，对于该村的串户路硬化，政府采取了第三种方式。政府完成串户路硬化所有事宜之后，关于串户路硬化所有隐藏的矛盾直接显露了出来。在退钱问题上，有村民说道："你们一定是提前知道了政府要来修路，想坑我们的钱。"也有村民表示，"幸好我家没有交钱，要不然就亏了。"多种不满的声音"不约而同"地把矛头指向牵头人。对此，牵头人只能表示"以后政府还会有更多的政策下来，那我们就都等政府吧，以后我就不会充当这个'冤大头'了。"关于退钱的方式，利用属于"集体资产"的国家救灾款来支付"劳工费"，从村民角度看来，这损害了大家的利益，特别是自始至终都没有参与到这个事件中来的那部分群体也有劳工费。这促使村民形成这样的观点，通过内部筹资来满足公共品供给的方式是很难行得通的，但用外来的"集体资产"来满足公共品供给却完全有可能。

4. 茶叶项目进村

调查得知，W村在2013年引进一项种茶项目，在时任乡茶业站站长（兼村支部书记）及村内领导组织下，村上承包了村内三个组的集体地种植茶树，经过村民代表会协商，合同定价每年每亩补贴14元。相关村民签字时，村上领导发表了承包价太高的意见，再次协商后无果。但茶树苗很快到位，村里面拿出1万元请三个组的村民吃饭，这1万元算是第一年的承包款，并口头应允第二年再交第二笔，村民写了条子，要求种植茶树要有层次：先种山上的，不能种到栽有杉树的山腰那边，更不能伤害杉树。但在种植茶苗时，挖掘机挖到山腰位置，破坏了杉树和农田、林地，第二年村民们也没收到承包款，村民上山阻止工人继续种植。事情长久没有结果，种植的茶树无人管理，慢慢荒废。每年都拨下的茶树、肥料等，由村领导来安排。（在课题组离开田野点之前，该项目仍处于"不了了之"的状态。）

(1) 进村之缘由

2013年到2015年，是精准扶贫政策从提出到完善的关键几年，2020年是打赢脱贫攻坚战、实现全面小康的收官之年。在强调脱贫攻坚的背景下，茶叶项目进村有理有据。茶叶种植是以自然环境为基础的、土地密集型的产业。W村位于中亚热季风带气候区，光照充足，降水充沛，加上山地丘陵的地貌特征为茶叶种植提供了自然环境基础；从全乡整体发展方向来说，茶叶种植和乡村旅游业是该乡重点打造的发展项目，几乎每个村都有茶叶种植园地，这为W村茶叶项目引进提供了社会条件；W村是全乡发展最为滞后的行政村，经济总量连续多年垫底，这个客观事实为该村扶贫工作的开展增加不小的难度。因此，经济作物种植成为当地发展的一种方式。在自然基础、社会背景、扶贫工作等多因素的影响下，茶树苗以承包项目的形式栽到了W村的山地中。

(2) 项目运营状况及原因分析

茶叶进村项目处于"不了了之"状态，要探究其原因，可以从信息共享、村民与村两委领导关系以及茶叶项目本身的运营模式三个层面来分析。首先在信息共享方面，村民与项目发包方是不对称的。进一步调查得知，相关村民除了知道这块地要拿来种植茶叶外，其他信息一无所知。也就是说，诸如这块地是谁来承包、以什么样的方式承包、以产业形式种植的茶树是属于农户的还是村两委的或政府的等应该知道的问题和信息没有公开，村民只能理解为"这是村两委自己的事情"。信息的不对等性、间接性在"双轨政治"系统里是不可避免的问题，所以在资源下乡、项目进村的背景下，信息的共享尤其重要。

其次村民与村两委领导关系比较没有那么和谐。关系问题是一个极其复杂的问题，它的形成受到历史纠纷、利益冲突等多重原因的影响。该村村民与村领导关系没有那么和谐是由村两委领导者的"廉洁自律性"低和村领导工作透明度低两个原因造成的。走访得知，该村村民普遍缺少选举意识，甚至个别人认为村主任是"个个得而贪之"。有村民说道："记忆里只参加过2016年的村主任选举。"先抛开茶叶项目进村事件不谈，我们可以从举办春节民俗活动的例子来分析村民与村领导的关系。2019年，该村举办了第一届春节民俗文化活动。在前期准备阶段（主要是资金收集），当时以村委会的名义向全村募捐活动经费和动员村民参与，效果不好。无奈之下，全村青年大学生组成青年团，然后以青年团的名义向村庄、向社会募捐，这才保证了整个活动的有序进行。为什么作为正式组织的村两委的动员效果没有非正式组织的青年团动员效果好？因为大家听到"村委"二字会产生怀疑心理，即使换了村领导，依然存在"以前是这样，现在也同样是这样"的"继承"心理。以此见彼，茶叶进村项目的"不了了之"状态的实质和春节活动村委动员失效的实质如出一辙。信息的不匹配，村两委工作的透明度低，村民收到相关政策通知时第一反应是"村委从中获利多少"，而非思考怎么达到政策的要求以及享受政策的条件是什么。

最后，农民在提供种植土地后，似乎退出了茶叶项目的整个进展流程，与项目之间是一种"脱节"的关系。任何形式的项目进村都要服务于村民利益，即一切为了群众。案例中的茶叶项目进村事件，项目供给者承包了三个组的集体土地来种植茶叶，其初衷是促进村民经济收入的增长，但结果并未达到预期目标，很大原因在于忽略了农民在茶叶种植项目中的主体地位，丢失了按劳分配为主体、多种分配方式并存的分配原则。项目供给者承包农民土地来进行经济活动并直接管理，虽然为村民提供了一定的就业机会，土地承包赔偿也可以获得经济报酬，但除此之外，整个茶叶项目跟农民没有了关系，显而易见受益者并非农民，故而也就难以得到农民的支持。项目的实施应该是，把农民的土地集中起来，规划好总的种植区域，按照土地使用权划分到组，通过组织小组会议的方式确定是否分配到户（小组内部解决），充分保障村民生产自主权，承包人负责提供茶叶、基本的肥料、提供相应技术培训和提供后期的销售渠道等服务。正如上文所述，任何形式的项目进村必须建立在符合农民群众利益的基础上。因此，要保持生产管理权下放到农户手上的原则不变，项目供给者只需提供基本服务即可。

5. 人才与社会动员

(1) 农民自组织的动力与组织形式

通过对上述春节民俗文化活动举办情况以及疫情防控过程的记述，我们可以得出这样的结论：农民自组织是在乡村大学生群体引导下的行为，且发挥了一定的治理功能。对此，我们不得不思考以下问题：农民自组织的动力是什么，它是通过什么样的形式组织起来的。

① 动力。在传统时期（清之前），自给自足的小农经济生产方式只需要一个核心家庭就可以实现，乡土性使得农民被牢牢束缚在自己的土地上，农民自组织就像费孝通先生所描述的"文字下乡"一般，在某种意义上失去必要性。然而，随着社会结构的解体并重构，农民不再是自然经济时代的农民，这也意味着，农民要挣脱土地的束缚，关注更多的社会事实。但不难发现，个体农民直接对话政府组织或者某种体制显得力量薄弱，并且农民阶层诸如"农民就应该是这样，或者生活就应该是这样"的局限性使其在融入比旧时更加复杂的社会网络时显得胆怯，在委屈自己或者为难别人的选择中选择前者。改革开放几十年来，中国共产党关于民族地区发展的相关政策不断落实，民族地区无论是在教育、社会发展，还是医疗卫生、基础设施建设等方面都实现了质的飞跃，"三农（农业、农村、农民）"政策的落实为农民"减了压"，农民有了盼头。社会结构特别是经济结构的变化直接改变了民族地区农民群众的"差序格局"，打工潮引起的大规模人口流动，城镇化进程中伴生的农村空心化，在一定程度上加快了农村公共性的流失，虽然短期内不会缺少"中坚农民"，但他们已经意识到组织起来的重要性；多中心治理趋势也成为农民的意愿。乡村治理是否有效取决于农民能否参与进来并发挥主人翁的意识。

② 组织形式。当前民族地区村庄农民自组织处于起步状态，自组织意识、意愿、能力及经验仍然处于"欠缺"阶段，因此，其组织形式可以分为自发型和引导型两种。自发型组织多以小规模（很多时候是以村民小组为单位）、基于人情往来关系而存在，或者是因为共同爱好而形成的临时性共同体；引导型是有固定引导人即人才群体（农民）通过宣传、号召等方式进行公共事务治理，在他们引导下人们有意识地聚集的群体，这个群体虽不是正式组织，但具备一定的固定性。

（2）农民自组织参与乡村治理的功能分析

作为不完全成熟的乡村社会治理力量，农民组织不可忽视。传统上中国基层治理一般包含科层权威和民间权威，正如费孝通先生所阐释的"双轨政治"的两个系统。在社会结构划分上，受到学术研究惯性的影响，大多学者都采取"国家—社会"的二分法，强调国家和社会两大主体协调式发展。从当下对民族地区的乡村治理研究成果来看，空心化、原子化的背景下，多元主体治理渐渐成为一种共识。

① 农民自组织参与乡村治理的优势分析

首先，加强了群众的自我教育，促进观念变革。群众教育是构建和维护社会稳定的重要方式，农民自组织的实质是农民群众自我教育的过程。搞活动，把全村的群众聚集在一起，相互审视，移风易俗，改变了乡村面貌，在一定程度上改善了"乡村病"；对于多民族杂居的村庄，无疑加强了村庄场域的民族交往交流交融，促进形成同呼吸共命运的村落命运共同体。其次，有助于乡村社会公共事务的自我供给。关注乡村公共品供给的学者注意到乡村公共品供给的方式，既要强调"输入"式的项目进村，也要注意乡村内部的自我供给——基层社会的自主性。严格意义来说，春节系列活动的举办可视为全民参与的村庄公共事务。春节系列活动的成功举办，体现了公共事务治理或者部分公共品供给完全可以通过内部动员的方式来实现，这种带有乡土情结特征的动员方式是当下基层社会动员的重要方式。"大家都交了钱，如果我不出（钱），也会不好意思。""就像看电视一样，人家卖力表演，我们酒足饭饱了就来看人家表演。"最后，培养了本土治理人才，优化了乡村治理结构。通过对案例的研究，我们可以发现，村庄人才参与到了整个组织过程，且一直发挥引导的作用。这增强了政府和市场力量之外乡村社会治理力量的"后勤保障"。

② 农民自组织参与乡村治理的不足与改进之处

作为新型治理力量，农民自组织在自身建设上存在诸多困境：一是成员的复杂性，它表现为构成人员思维观念、知识背景等的多层次性和利益需求的多元性，这使得成员在组织过程中很难达成一致观点，甚至于动员困难；二是农民自组织行为失范问题，综合素质相对不高的村庄群众在面对问题时，特别是对惠农政策没有全面了解的情况下，往往采取一些较为极端的方式；三是趋向于政治组织的发展，资本、政府和文化构成地方发展的三要素，资本供给、政府主导和文化产业化三者之间的"互嵌"程度直接影响地区的发展走向，然而，这种"互嵌"状态并不稳定，往往资本和政府走得更近，因此，农民自组织向政治组织方向靠近似乎"情有可原"。

村庄公共事务治理的有效是保持村庄社会持续发展的重要基础，也是乡村振兴的基本要求。受到地理位置、经济发展水平、历史沿革、村民意识等因素的影响，民族地区乡村发展呈现出滞后性。民族地区村庄特别是地处边远山区的民族村庄正处于传统型村庄向现代型村庄转变的阈限状态，对公共事务的良性治理在一定程度上可以促进民族地区村庄社会的转型。因此，如何把村庄居民动员起来，就成为一个关键和热议话题。本节通过分析农民自组织案例，探讨其动力和组织形式以及优劣势分析，从而总结出如下观点：第一，农民自组织是民族地区村庄公共事务治理的重要主体，这得益于它本身具有的动员能力；第二，农民自组织过程是以村庄人才为引导主力的、全民参与的集体行为；第三，农民自组织作为一种内生性的治理力量，可以弥补农村社会治理力量不足的问题。探寻和优化农民自组织方法是农村改革、乡村治理的一个着力点。

(3) 村庄公共事务治理

从上述对串户路硬化事件、茶叶项目进村事件记述来看，民族地区乡村的农民有自我组织起来的意愿，但公共事务治理仍然面临着困境。

① 动员困境。公共事务治理的动员方式可以分为内部动员和外部动员两种，前者是指村庄内部为满足对公共品的需求，建立在自愿原则上自发组织村民参与到供给公共品的行为中来的组织过程，这种动员方式通常以民间"权威人士"为组织者；外部动员是指村庄场域之外的社会单位通过资金投入、项目引进等手段把村民联系起来，共同参与到供给公共品的行为中来的过程，其动员单位一般包括政府、社会企业等正式性组织。通过案例的分析和思考，能够发现，不管采用内部动员还是外部动员的形式，W村公共事务治理都面临着困难。在村庄社会空心化、原子化的背景下，村庄社会固有的结构发生改变，以经济理性为基础的"新"结构正在构建。这种"新"的社会结构在形成之时，冲击了以血缘认同和地缘认同为基础的传统结构，人们更加注重自己家庭的经济利益，经济效益逐渐成为

人们除了至亲关系外建立社会关系的首要选择。把家庭利益观念带到社会行为上，民间的"权威"自然而然地削弱，传统上民间"权威"的"一呼百应"现象少之又少。另外，对于缺乏自发性团结的"拼凑型"和多家族村庄而言，其内部隐藏的家族矛盾在利益争夺中也可能重新点燃，并成为公共事务治理动员的阻碍因素。除了这种非正式动员力量外，村两委所承载的政治"向心力"也是村庄场域内重要的动员力量，但如果在群众工作中失去权威、失去信任，其动员能力也就"所剩无几"。再者，外部动员在内部动员能力不强的情况下也很难"发挥作用"。

② 基层正式组织建设之困。能力提升是民族地区村庄公共事务治理的关键。对民族地区的村庄特别是边远山区的村庄而言，"村两委"的作用尤其重要。中国共产党在党的十九大报告提出"坚持党管农村"的要求，说明在接下来的农村工作中要突出基层党组织的建设，发挥基层党组织的作用。因此，加强基层党组织及其领导组织的建设是有效推进民族地区村庄公共事务治理的重要保障。研究发现，"村两委"作为村庄治理的正式性组织，其自身建设上面临着诸多问题：村两委的"领导人"治理能力不足；在资源下放过程中村庄存在"没有用钱的地方"和"有钱没地方用"之间的矛盾。"没有用钱的地方"的首要原因在于村领导问题意识的缺失，即不知道村庄建设之"处"，不知道村庄发展的问题在哪，村民需要什么，其次是存在保守主义思想，不敢发挥创新引导作用。"有钱没地方用"虽然有"乡政村治"这个长期存在的"乡村"关系中乡对村直接领导的干预的原因，但专款专用的规则要求等因素下，很多政策项目与地方实际需求不能很好对接。再次，作为领导的村干部找不到或者不敢处理相关费用，甚至认为某些项目拨款不是免费的"橄榄枝"而是"烫手的山芋"，能不要则不要，持有"不做事就不会做错事"的无为心理。村两委组织面临"领导人"选择难题。首先，村领导作为"中间人"身份难以开展工作。"领导有任务，百姓有要求，自己又不能做决定，不敢说什么，天天被领导和百姓骂，没什么意思。"村委是村庄自治机构，但却渐渐纳入行政系统，成为行政权力的农村派出机构，原本是行政的工作也让村委来做，这对村委班子提出更高要求。其次，是村领导"收入"不及自主创业的收入

高，当村干部失去"价值"。"一个月2000多块钱，干那么多活，还不如出去打工，就算在县城，一个月也能得3000块以上的工资。"村干部既是村庄群众的"当家人"，也是自家的"当家人"，担任村干部一职，就必须常年居家，留在村庄经济收入有限，牺牲个体利益来服务村庄事务没有吸引力。再次，村两委工作冗余。随着村庄社会的进一步发展，村庄事务日渐增多，在"乡政村治"的背景下，村两委趋向成为政府的派出机构，更多的工作也就相应地落在村委班子的肩上。村两委受到乡镇领导的"领导"，必须完成上级领导的"任务"，并以此作为是否"胜任"村干部的考核标准。综上所述，村支两委组织自身建设存在困境的同时，如何在多中心治理模式没有形成的情况下发挥"村两委"组织特别是基层党组织引导其他治理主体的作用，是当下民族地区村庄公共事务治理的又一困境。

③ 传统治理力量"定性"之困。通过对案例点的分析与思考，不难发现，家族势力、"村规民约"等具有传统特征的治理力量依然影响着民族村庄公共事务治理的进程。传统治理力量，一般指家族势力或"隐形"的约束力。在民族地区乡村，传统治理力量仍然存在并发挥作用。习惯上认为传统治理力量的参与有利于民族地区村庄公共品的合理供给。这些传统力量之前是通过提供公共服务来建立权威的。"家里有当官的"和"家里有有钱的"都是大家引以为傲的理由，而这样的家庭也是全村的"重点照顾"和学习对象，抱着"他们能帮上忙"的心理和态度尽量满足"他们"的需求。于是，有了"追求目标"之后，大家都能很好地"保持一致"。不可否认，传统治理力量在传统时期发挥着维护村庄社会稳定的作用。然而，在空心化、原子化的社会背景下，这种传统治理力量的功能"定性"不再是单一的。传统治理力量在公共事务组织过程中因为家庭利益意愿不同等因素，已经不能很好发挥动员作用，其权威性受到不同程度的质疑；传统治理力量对信息、资源的决定权容易导致发展的内卷化；法治观念和法治知识日益走进民族乡村地区，但传统民间习惯依然作为留居村庄的村民生活规则而存在，却很难适用在常年外出的村民身上。因此，"固守老一套"思维的转变也成为传统治理力量功能不好"定性"的原因。或许，传统治理力量依然会表现出一定的生命力。传统治理力量属于村庄

内部自发力量，往往对需要的公共品项目有"提名权"，即公共事务的发起人往往是传统意义上的民间人才。

基于上文对调查发现的民族地区村庄公共事务治理困境的阐释，见微知著，拟提出几条建议：

开发本土组织资源，鼓励地方组织和人物参与公共事务治理。关于农村研究的相关文献表明，农村居民渴望自我组织的意愿日益强烈，农村各种社会组织也相继问世，这表明，农村社会并不缺乏本土自我组织的动员能力，报告所述案例即是佐证之一。据此，我们是不是应该把目光聚焦在农民群众的身上，给予村民更多的治理权？倘若所问合理，那么应该如何挖掘组织力量和提高农民自组织程度，课题组认为需要坚持以下工作办法：注重村庄人才群体的培养；取智于民，科学决策，培养村民村庄治理的主人翁意识。加强基层权威建设，发挥党建治村的优势。W村原系行政力量捆绑的"拼凑型"村庄，这更加凸显了村两委的重要性。基于对田野经验的思考，课题组认为应当建立行之有效的基层干部培养和考核机制，发挥基层党员和党组织的领导优势。要继续加强基层党组织建设，壮大党的基层队伍，切实落实党管农村政策。注重基层干部特别是村级干部的工作能力提升，同时注重工作的透明度，科学决策，完善监督体系。注重基层文化建设，凝聚村庄命运共同体意识。文化是精神食粮，更是凝聚力的加强剂。在文化相互碰撞和大规模人员流动的新时代，农村社会正接收着各种文化要素，因此，把农村基层文化以民俗活动等方式表达出来，以便更好地把"草根文化"融入到主流文化中来，各美其美，也是乡村治理有效的可选方案。

四、乡村振兴的可能路径与人才融入

（一）V4类村庄乡村振兴的可能路径

V4类村庄的总体特点是机械结合程度低、非可持续。这类村庄在民族地区的四类村庄中占比最大，故选取了两个案例点。非可持续意味着V4类村庄内生发展动力有限，机械结合程度低则表明受人口流动等因素的影响，这类村庄既有的人群结构已经松动，与传统的人群结构方式相适应的族群文化、地方性文化的整体性也因受到不同程度的冲击而发生变迁。

严格来讲，渝东南 J 村事实上正处于从非可持续型向可持续型转化的某种过程之中。从上文对渝东南 J 村乡村振兴现状的大体描述可知，村庄内部核心家庭原子化已经成为比较显在的事实。当地村主要领导试图为村庄找到一条转型发展之路，以"苗文化"为卖点进行乡村旅游业的规划与打造有其必然性，但推进起来较为艰难。在长时间段的杂居生活中，苗族文化已经逐渐地方化。村庄不同村民的利益取向日渐多元化，村主要领导主推的旅游发展事业并没办法调动村民参与的积极性，非在地人才也很少有参与的愿望和契机。J 村的旅游开发可以概括为基层组织利用其权威推动的苗文化生产和消费。生产和消费的欲望大多数并非来自社区的内部。作为一个民族杂居村庄，血缘和地缘关系足够错综，关于要不要建构"苗文化"符号以及如何建构并不能在很大程度上达成共识。建构的欲望来自外界，也由外界输入的资源支撑。外界不仅提供着建构所需的一部分资金，同时提供着建构的合法性及依据。但这些支撑和依据是相对有限的，目前而言，仅维持着村庄内部旅游开发的"僵而不死"。J 村旅游开发的尴尬即在于，内动力不足，外向型的权力又无法获取足够的外动力。而旅游开发的去向，即有赖于权力对内外动力的刺激与整合。

当前的中国乡村，正承接着大量的国家资源。精准扶贫无疑是充满政治理想和抱负的伟大工程。资源下乡、项目入村的背景之下，无论是纵向还是横向上比，民族地区的乡村都获得了更多的物质或资金扶持。W 村因迁徙汇聚而成，内部团结感不那么强。民族分属不同，姓氏之间与姓氏内部的家庭之间都愈显原子化。就整个乡村振兴现状而言，W 村面临的问题是产业无法实现经济效益，同时基层政权的权威性建设有待加强。相较 J 村从非可持续型向可持续型转型的努力，W 村甚至找不到转型的落脚点。对西部民族地区的村庄而言，产业兴旺的实现是比较难的，人口的本地化就业也比较难。从这个意义上说，W 村是民族地区最普遍也最普通的一类村庄的代表。内部的团结感正在离散，村民需要通过外出务工来供给家庭基本的生存资源。W 村离县城和乡镇很远，村庄中各个自然寨子（村民组）较为分散，人均土地面积较少，通过规模种植经济作物以及规模养殖的途径实现家庭富裕的可能性较小，即使有村民做到，数量也会极少，且能够持续下去的可能性也较小。至于基层政权的权威性问题，这个在中东部的乡村也不同程度地存在着。W村隶属于水族乡，村内居住着水族和瑶族同胞，对于这样一个少数民族村庄，基层政权的权威性问题如果得不到有效解决，可能会产生不少负面影响。民族话语或民族政策的实质，都是优待和照顾。[1] 国家对民族地区更多项目或资金上的支持，本质上就是在践行这套关乎优待的民族话语、实施这套关乎照顾的民族政策。然而，一旦基层政权的权威性出了问题，优待或照顾可能起不到好的作用，甚至，优待或照顾得越多，争议性越大。事实上，W村存在的基层政权的权威性问题不难解决，说到底，它关联的是人的自利性。只不过，在W村，这种基层行政人员的自利性容易包裹在民族话语的外壳之下。或者说，在民族优惠政策的落实过程中，这种自利性更易隐藏。

从上面对渝东南J村、黔东南W村乡村振兴现状的概述与分析能够看出，V4类村庄乡村振兴的内生动力普遍不足。山区分散的土地种植很难产生高附加值，零星的产业吸纳劳动力的能力非常有限。无论已经选择了乡村振兴发展道路的V4类村庄还是正处于徘徊犹疑期的V4村庄，单纯依靠内生动力实现村庄的振兴，几乎都不太可能。那么，V4类村庄实现乡村振兴的最可能路径又是什么？从课题组的观察和思考来看，人力财力物力的倾斜是必须的。如果内生动力不足，就只能不断追加外力来刺激内生动力的生成并增长。但外部资源的进入与激励要以对村庄乡村振兴整体状况的评估为前提。V4类村庄的乡村振兴很有可能要经历一个社区化集聚和整合的过程。也就是说，有一些资源禀赋较差的V4类村庄会在社区化集聚和整合的过程中被合并。中共中央、国务院印发的《乡村振兴战略规划（2018—2022年）》中指出，要梯次推进乡村振兴，民族地区、边疆地区、集中连片贫困地区到2050年实现农业农村现代化。换句话说，民族地区的乡村振兴是个漫长的过程，可能要历时30年。在这30年中，民族地区村庄的数量会大幅减少，V4类村庄中无法实现转型的村庄可能被拆迁、合并。另一部分转型成功的村庄可能在人口数量、社区规模、村庄社会关联

---

[1] 周平：《中国民族政策价值取向分析》，载《当代世界与社会主义》，2010年第2期。

上都会发生变化。自然村落会被整合为社区型村庄。

(二) V4 类村庄人才融入的特点及注意事项

V4 类村庄内部机械结合程度低且非可持续。如果从静态的某一时间横切面上看，无论是以渝东南 J 村为代表的正在从非可持续型向可持续型转化的村庄，还是以黔东南 W 村为代表的暂时无法明确乡村振兴发展路径的村庄，V4 类村庄在地人才（主要指内培人才）的数量都不可能多，类型也会比较少。治理人才的话语权相对较小，对黔东南 W 村为代表的暂时无法明确乡村振兴发展路径的村庄而言，治理人才主要在维持社会秩序。对渝东南 J 村为代表的正在从非可持续型向可持续型转化的村庄而言，治理人才除了维持社会秩序之外，也在试图进行村庄道路的规划与选择，但村民的参与度比较低，治理人才对村庄未来的规划与选择并不能得到绝大多数村民的认可与拥护。整体上，V4 类村庄的经济人才比较少，而且经济人才绝大多数都是非在地的外出人才。内培的知识人才没有多少话语权。内培的治理人才内部相较而言竞争性没有那么强，治理人才与非治理人才之间的竞争性也不是很强。

以上关于 V4 类村庄人才融入的当下现状或特点的概括是静态式的。乡村振兴战略实施过程中，V4 类村庄预计会发生比较大的变化。地方人才的融入会形成新机制。新机制应该包括内生人才的培养机制、外在人才的回流机制、外地人才的引入机制以及各类人才的整合与联动机制。不同类型村庄的乡村振兴模式或可能路径不同，地方人才的融入机制的侧重点、需要注意的事项便不尽相同。很大一部分 V4 类村庄会通过整合和集聚形成社区型村庄、民族互嵌式聚居区。一小部分 V4 类村庄可能会从非可持续型转化成可持续型。无论整合、集聚还是转化，都会涉及各种资源要素的重新配置组合，这个过程不可能轻而易举。没有各类人才的参与也是不太可能完成的。V4 类村庄人才融入机制的构建有一些侧重点和注意事项。跟其他村庄类型一样，吸引外在地方人才尤其外在人才中的经济人才回流对 V4 类村庄的振兴也是很有必要的，只是村庄的整合、集聚、转化需要基层政府在征得绝大多数民众同意的基础之上进行统一的宏观的谋划。既然要经过整合、集聚、转化的过程，那么，吸引在外的人才回流就不是各村引各村、各寨回各寨的回流，而是服务于整合、集聚与转化的回流。例如，类似黔东南W村这样的村庄，如果一段时间内还是很难找到振兴的可能路径，在地方政府乡村振兴的规划中又被划为应该向附近某社区点集聚的村庄，而W村在外务工或经商的某些人才或乡贤这时又有意回到家乡建设家乡的话，这些回流的经济人才或治理人才不一定非要回到资源禀赋匮乏的本村本寨，完全可以着眼于政府的规划，去社区点或附近更适合的聚居区贡献自己的力量和智慧。

V4类村庄的整合、集聚与转化会伴随着各种利益博弈。有的村庄会被拆迁合并，有的村庄转型困难、局面迟迟没有改观，有的村庄可能被选为聚居区，村庄内部空间发生明显变化等等。这些整合与集聚的社区可能有不少是民族互嵌型社区。虽然V4类村庄的内部团结感较弱、机械结合程度低，但民族成员依旧活在群体文化的濡化当中。因此，地方人才的融入要特别注意平等团结互助和谐的社会主义民族关系的维持与巩固，尤其注意在人才参与社区构建过程中铸牢中华民族共同体意识。

V4类村庄的整合、集聚与转化会调动政府、市场、各族各村村民等各种主体的参与，同一村庄外来人才、内培人才、外出人才等的协同非常重要，不同村庄外来人才、内培人才、外出人才之间的联动也至关重要。同时，还要注意人才与普通民众之间信任关系的构建与维系。

五、小结

V4类村庄指的是民族地区那些机械结合程度低、非可持续的村庄。机械结合程度低，说明该类村庄基于血缘、地缘等关系衍生出的内部团结感已经不再强烈，非可持续，则说明人口迁出或周期性外流比例较大，村庄资源禀赋匮乏，内生动力不足，绝大部分村民无法实现本地化就业。V4类村庄又可细分为两种，即以渝东南J村为代表的正在从非可持续型向可持续型转化的村庄和以黔东南W村为代表的暂时无法明确乡村振兴发展路径的村庄。渝东南J村的转型目前来看并不能说是成功的。V4类村庄中最终真正能转型成功的占比也不会太大。最终，很大一部分 V4 类村庄会通过整合和集聚形成社区型村庄、民族互嵌式聚居区。一小部分 V4 类村庄可能会从非可持续型转化成可持续型。吸引外出地方人才尤其外出人才中的经济人才回流对 V4 类村庄的振兴也很有必要，只是村庄的整合、集聚、转化需要基层政府在征得绝大多数民众同意的基础之上进行统一的宏观的谋划。地方人才的融入要特别注意同一村庄、不同村庄之间各类经营的协同联动，注意平等团结互助和谐的社会主义民族关系的维持与巩固，尤其注意在人才参与社区构建过程中铸牢中华民族共同体意识。

第七章 人才的融入机制与作用

　　党的十九大报告指出，中国特色社会主义进入了新时代，我国的主要矛盾已经发生了变化。站在新的历史起点，回顾中华人民共和国成立前的二十二年，我们党选择了农村包围城市、武装夺取政权的革命之路。正是发动、组织了农民，正是认识到了广阔农村的重要性，新民主主义革命才最终取得了胜利。站在新的历史起点眺望，从全面建成小康社会到实现现代化还有二十多年的路要走。这一时期，相较而言，农村的现代化要比城市的现代化艰难得多。甚至，处理不好，城市的现代化还有可能导致农村的凋敝。社会主义现代化不是哪个区域的现代化，不是大部分人住高楼大厦和洋房、一小部分人住贫民窟的现代化，而是全面的现代化，惠及全部中国人的现代化。在实现社会主义现代化的过程中，农村的人口规模会进一步缩小，村庄数量也会大幅减少，但是，作为一种产业的农业绝对还是重要的，有农业就会有农民，乡村不可能全部消失，作为一种生活方式的"乡村化"更不可能被所有中国人抛弃。也就是说，社会主义现代化将必然包含乡村的现代化、农民的现代化。正因此，党的十九大报告提出，实施乡村振兴战略，并进一步强调，须建立健全城乡融合发展体制机制和政策体系。城乡融合发展意味着打破既有的城乡二元结构，实现要素的双向流动，城市进一步吸纳乡村的劳动力，而乡村也将在政府主导的改革中接纳更多的资金、技术和人才。无疑，乡村振兴战略的实施，需要在资源配置中起重要作用的各级政府的推动，政府在其中扮演着重要的角色，但是，振兴乡村最终为的是乡村里的人，为的是实现农民的安居乐业。农业要强，农村要美，农民要富，这是乡村全面振兴以后的图景，但对未来图景好坏优劣的评价，最终应该由生活在农村的农民说了算，换句话说，农民才是乡村振兴战略实施中的主体。不过，改革开放四十多年，作为振兴乡村天然主体的农民已经发生了非常明显的分化，进而言之，农村也已经分化，不再铁板一块，受市场要素的影响，不同地区的农业也处于分化之中。这是我们必须要正视的现实。受历史、地理等因素的影响，民族地区贫困问题最为严重，不仅具备贫困的一般性还有其特殊性。生计方式转换的困难造成了脆弱性贫困，表现出连片贫困、重复贫困、深度贫困等特点。[1] 民族地区成为脱贫攻坚的主战场。同样，民族地区乡村也将是乡村振兴战略实施中的主战场，是最难啃的一块硬骨头。可以说，民族地区的乡村能否振兴直接决定着乡村振兴战略的最终成败。对照乡村振兴的总体要求和奋斗目标，结合当下民族地区乡村振兴所面临的基本事实，地方人才的作用凸显出来。

一、为什么重提地方人才？

民族和国家是不同层次上的人群认同单位，民族区域自治是国家承认了民族地区特殊性之后的制度性治理供给。历史上，为了维护多民族国家的统一，历朝历代都曾制定过相关的治理民族地区的政策、制度，比如边郡县制、羁縻府州与册封制、土司制等。尽管形式、具体内容上可能有不同，甚或大的不同，但这些制度事实上都是对特殊性的承认，即边疆民族地区与中原汉族地区之间存在着显著差异。既然差异是一种事实，这些依据差异制定的治理方式便可视作某种因地制宜，彰显着一体与多元的辩证性关系。这些制度尊重差异，不强求一致性，允许民族地区长期处于自治或半自治的状态。自治或半自治的治理策略的维系则需要依靠民族地区各个层级的地方人才。中华人民共和国成立后，国家借鉴了历史上这种对边疆民族地区区别对待的治理思路，制定了民族区域自治制度。

---

[1] 李海鹏、梅傲寒：《民族地区贫困问题的特殊性与特殊类型贫困研究》，载《中南民族大学学报》（人文社会科学版），2016年第3期。

民族地区有着长久的自治或半自治的传统，在边疆民族地区，民族国家的建构是地方人才参与和融入的过程。乡村振兴是着眼于民族复兴的重大战略，民族地区的乡村振兴任重道远，正需要地方人才的参与和融入。尤其，当前的基层民族地区面临着新的一系列社会事实的深刻变迁。一方面，民族认同有高涨的趋势；另一方面，基层民众又处在分化的过程之中。民族区域自治内含着间接治理的思想，地方人才在其中起着沟通不同主体的作用。当民族内部、区域内部发生了诸多差异性、异质性变迁之时，地方人才的作用也不再均衡，出现了不同层面上的差异性、异质性。一方面，民族依然具有群体性，但大多数民族的这种群体性或实体性内部，在经过近几十年的社会变迁后，发生了较大变化，即从客观实体向主观实体的不同程度的转化。同时，民族认同的主观性成分增加，这也意味着，认同具有了易变性、流动性和情境性。针对这一方面，国家需要依靠地方人才来处理因民族认同的易变性、流动性、情境性等而导致的具体的民族问题，需要依靠地方人才来引导、调试本民族成员总是在发生微妙变化的民族认同与国家认同之间的关系。另一方面，民族内部"群体"性之外生长出"个体性"，民族成员之间的差异变大，甚至，同一民族个体之间的差异有可能大过不同民族个体之间的差异。从这一方面讲，国家更没办法直接面对千千万万的基层民众，因此，地方人才的桥梁作用可能更加重要。与此同时，因为民族内部不同个体、不同家庭利益诉求的多元化，地方人才与基层民众之间天然的代表与被代表的关系可能发生较大变化，挟民族话语以自重有可能成为部分地方人才获利的方式。

民族地区乡村振兴战略实施的主体是广大的基层民众。没有基层民众的参与，民族地区的乡村不可能振兴。要民族地区群众参与，就要组织民族地区的群众。要组织群众，地方人才的角色便会凸显。至于群众组织的规模、组织的形式、组织起来的风险性等，则需要依据不同地区的具体情况更进一步的探讨，但这些方式和"度"的把握同样离不开地方人才的角色扮演。乡村振兴战略实施过程中，"国家—地方人才—基层群众"的结构框架下，不同主体之间的关系更加复杂。民族本来就是个客观和主观属性杂糅的复合体，民族显性文化标识的相对减少，主观成分的增多以及个体层面的差异不仅使得国家与基层民众、地方人才与基层民众的关系出现新的多种可能性,而且也使得国家与地方人才之间的关系面临新的境遇。民族地区乡村振兴战略的实施,势必带来"国家—地方人才—基层群众"结构中各主体之间关系的新的不同方向的变化,这是地方人才融入乡村振兴以及其他国家战略时可能的规律性概括,也是当前民族地区面临的新的社会形势。

二、地方人才与乡村振兴

对当下广大的民族乡村地区而言,最普遍的现实是农民们为了求生存与发展而外出务工。改革开放促使中国社会经济持续向好发展,纵向上看,全国各地(包括偏远的民族地区)乡村农民的生活水平都有了显著提高,但横向上看,东西部的差距并没有缩小,反而因为发展速率上的差别,有了扩大的趋势。当制度不再限制人口的自由迁徙,同时一部分人、一部分地区先富裕起来的经济结构又日渐形成的背景下,欠发达地区的农村人口开始候鸟式、周期性地向东部沿海地区流动。起先可能是位于城市的工厂主动到乡村地区招工,后来农民直接进到城市寻找做工的机会。西部欠发达地区的乡村逐渐成为农民工最重要的输出地。这些打工者在城市与乡村之间游离,打工收入基本上成为家庭收入的主要来源。乡村振兴战略的提出、实施应对的就是这种因人口的流失而带来的乡村衰败。人口流失并不只是改革开放的产物,百年来,甚至千年来,农村人口向城市迁移都在不断发生,只不过不同时期迁移人口的规模、类型等有不同而已。乡村要实现产业振兴,势必要回应或者解决这种人口的单向流动所带来的发展难题。乡村要振兴有一个前提,即乡村有必要振兴。除了前提,乡村振兴的终极目标是什么也需要认真思考。乡村振兴为的是那些愿意留在乡村的人们能够按照他们自己的意愿生活下去。那么,振兴战略的实施则是从国家、政府的层面帮助这些留守之人实现愿望。乡村要振兴,人才最关键。要能留得住人,要能引得来人。但俗话说,人往高处走。所以,乡村振兴应与城乡融合配套实施。

民族地区多处于国家地理版图的边疆，自然环境相对恶劣，村寨分布零散，农业属于第一产业，但种植农作物的田土人均占有量较小，耕作起来困难。随着打工经济的兴起，民族地区不少不适宜人们耕作的土地已经被抛荒。农业是个投资大回报低的产业，并不具有高附加值。这是毋庸置疑的。千百年来，土地养活了千千万万的人，但是，正是因为从事农业生产太辛苦，而收益又如此之低，逃离土地才会变成一代又一代农民奋斗的目标。经济作物的收益可能比粮食作物的收益大，但同时，种植经济作物的成本风险更高。近些年，随着精准扶贫的推进、乡村振兴战略的实施，各地农村都在进行产业结构调整，曾经种植粮食作物的土地一部分改种诸如茶叶、药材、蔬菜等经济作物。但即使如此，要想从土地获得大的收益也是困难的。

受地理环境等先天条件的限制，民族地区发展乡村工业的可能性变小。一些地区可能是某种原材料产地，比如有些地方盛产某种矿产，依托这些独特的资源能够建起加工工厂。但是，一方面这些资源可能是非可再生的，挖完就没了；另一方面，这种加工工厂普遍对环境的影响较大，开采、加工成本较高。民族地区大部分乡村也不会成为特殊原材料的产地。剩下的就是服务业。这些年，打造乡村旅游业的说法经常被写进不同地方的发展规划之中，也经常被媒体报道。发展乡村旅游业，事实上存在规模和比例的问题，需要论证可行性，具体问题具体分析。整体而言，作为贫困地区、欠发达地区，民族地区在第一第二第三产业的发展上都面临比较大的困难。穷有非常现实的原因，摆脱穷不可能是一朝一夕的事。正是因为民族地区的穷是深刻的现实，总书记在对湖南、云南、贵州等民族地区的考察中才提出并一步步完善了精准扶贫的思想。精准扶贫工作的开展无疑具有伟大的现实意义。2021年2月25日，习近平总书记庄严宣告，我国脱贫攻坚战取得了全面胜利。精准扶贫不只是扶贫干部的事，乡村振兴也不只是国家和地方政府的事。无论精准扶贫还是乡村振兴，实施是需要人的，实施也是为了人的。在民族地区乡村振兴战略实施的过程中，地方人才应该参与进来，扮演好角色，发挥好作用。

除了人口外流这样一个与中东部乡村地区性质相似、规模或数量可能不一的外在明显特点以外，民族地区乡村还有一个最大的特点，即血缘、地缘、拟血缘关系交织成的传统社会关联还不同程度地存在着。当然这种传统社会关联的形成与自然环境密切相关，重峦叠嶂、河流纵横既带来了与外界沟通上的阻碍，也带来了内部联系上的不畅。封闭性与多样性和独特性是相伴而生的。这也是为什么我国的少数民族多分布于边疆地区而民族文化又是如此丰富多彩。村庄分类的可持续与否针对的是村庄外显的核心要素，村庄分类的机械结合程度针对的是村庄内部的社会联结与社会生态，也就是村庄的地方性知识。民族地区的乡村振兴要着眼于民族地区乡村的外显内显特点来实施，对症下药，有的放矢。与中东部汉族地区农村比较，民族地区的乡村振兴可以讲有其特殊区情、特殊事实、特殊问题，即民族地区乡村振兴战略的实施不仅涉及基层民众的现代化还涉及基层民众的民族认同感、集体荣誉感等要不要以及怎么在现代化过程中进行调适。民族地区乡村振兴战略的实施不仅仅是个区域农村发展问题，还是个具有地方性知识的村庄如何维系文化的有机性以及群体情感的问题。民族是个复杂的概念，既包含客观因素，也包含主观因素，既牵扯着历史，又勾连着现实。民族要素的存在，使得地方人才融入乡村振兴战略以及发挥作用的过程要比中东部汉族地区的基层能人融入乡村振兴战略以及发挥作用的过程更为复杂。地方人才不仅有可能是"利益代表"还有可能是"情感代表"。正如上文所言，"国家—地方人才—基层群众"结构框架下各主体的关系在乡村振兴战略实施过程中会有不同层面上的不同变化。国家和政府在一定程度上要依靠地方人才动员基层民众参与乡村建设，又要分辨地方人才的行为属性，防止其挟民族话语自重，防止其利益集团化。国家和政府要在民族地区落实乡村振兴战略，又无法直接面对千千万万基层民众，只能培育基层民众的组织性，让基层民众适当组织起来，组织起来的基层民众民族情感可能更强烈，国家和政府又要处理好基层民众的国家认同与民族认同之间张力浮动可能引发的潜在危险。而地方人才与基层民众之间关系也会复杂化。地方人才的代表性不再是天然的，对基层民众组织性的建构有可能是假借的也有可能是真实的但又存续着溢出边界的可能。所以说，民族地区乡村振兴战略实施过程中各主体之间存在着博弈，需要维持某种动态平衡状态。这种动态平衡主要体现在民族地区乡村振兴战略的有效的不打折扣的落实并最终成功与中华民族共同体意识的有效的不打折扣的夯实并长久稳固之间。

三、主体意愿与规则供给

乡村振兴战略实施中的主体确认,不仅关乎"为谁"的政治目标,同样关乎"靠谁"的治理技术。[1] 对于民族地区而言,无论寄希望于小农户与现代农业的有机结合还是寄希望于以规模经营为特点的大户、农业公司经营,只要把重心放在用土地吸纳劳动力的操作方式上,乡村能够振兴的可能性都不大。乡村振兴要落脚于千千万万农民家庭的基本生计,但民族地区往往是贫困地区,农民大量外出,这种状况之下,分辨乡村振兴的主体、探讨乡村振兴的主体融入的意愿问题,就显得尤为必要。

(一)愿不愿融入或谁来融入

经过四十多年的改革开放,农民作为一个同质化整体的事实已经发生了较大的改变,甚至,农民的定义在新语境中也需要重新审视。改革开放以前,提及农民,其属性是捆绑在一起的,诸如生活在乡村的人,从事农业生产的人,具有农村户口的人,等等,但如今,这些属性已经不再是农民的必要充分条件。或者说,农民的异质化程度正在不断加深。什么是农民回答起来越发艰难,恰恰意味着农民的分化已成最基本的现实。上文所述的村庄分化以及不同村庄类型中的人才的不同存在状态皆导源于这种农民的分化。如果农民这个群体已经异质化、已经渗入太多陌生性,那么,乡村振兴战略的实施便需要回答谁来融入以及愿不愿融入的问题。需要明确的是,民族地区的乡村振兴并不是所有基层民众都参与其中的乡村振兴。乡村振兴战略必须与移民搬迁、城乡融合等举措配套实施。乡村的振兴有赖于乡村规模的缩小,有赖于占一定比例的农

---

[1] 谭同学:《乡村振兴中的主体、可视化政绩与群众工作——基于林镇的人类学调查与反思》,载《西北民族研究》,2020年第1期。

民的进城。上文提及，村庄和农民都处在分化之中，可持续与非可持续的分类回应的是人口持续外流的趋势。对民族地区而言，乡村振兴意味着维持可持续型村庄的可持续性，将一小部分非可持续型村庄转化为可持续型村庄，以及为占绝大多数的非可持续型村庄提供基本的生产生活保障。

既然要将一些非可持续型村庄转化为可持续型村庄，那就要涉及乡村的内生动力问题。当然，对于民族地区的乡村而言，在激发内生动力之前，首先要问的是，乡村有没有那么多的内生动力？答案无疑是令人沮丧的。对于民族地区的绝大多数村庄而言，内生动力是有限的，贫困面貌的形成与自然、历史、社会等的各种复杂因素都有关联。换句话说，四类村庄类型中，占较多数的可能是V4型。只有很少一部分比例的村庄能够维持其可持续型，也只有很少一部分比例的村庄能够实现从非可持续型到可持续型的转变。乡村振兴实施的过程中，很大一部分农民会转变为城市居民。这些利益关切不在农村的农民不愿意融入乡村振兴战略这是无可厚非的，事实上，他们摆脱农民的身份、融入到城市当中，也算为乡村的振兴做出了贡献。乡村的振兴不可能在既有农村人口比例的前提之下最终实现。鼓励农民进城与鼓励农民留乡应该是并行不悖的。当然，进城并不需要鼓励，大多数农民只要有条件自然会进城。不过，也无须担心，农民会全部进城，只要能满足生存需要，只要能获得自己认可的收入，也自然会有一定比例的农民选择留在乡村。农民已经分化，要鼓励那些愿意留在乡村的农民留守乡村，并积极为他们创造各种本地化就业的机会，尤其鼓励那些有意愿留在乡村同时自身条件良好、有可能影响或帮助到其他留守村民的人才们留在乡村。

另外，在国家宏观政策的影响下，一部分外来的资本、技术、人才等也会融入乡村的振兴事业中来。但外来的资本、技术、人才等要素是要追求利益的，乡村本身并不能为太多的人带来谋生的机会，农业生产、加工相较而言也不是个赚钱的行业。乡村的振兴还是主要靠生活在乡村里的人，国家的号召、政策倾斜可能导致短时间内外来力量的涌入，但是，外来力量的作用主要还是体现在刺激与激发上。例如，有一种流行的趋势，认为小农的分散经营无法实现乡村的振兴，培育新型规模经营主体（承包大户、农业公司等）才是乡村振兴最有效的实践路径。但是，值得追问的是，承包大户、农业公司等会不会变客为主，让乡村振兴战略与最广大的基层民众隔绝开来？再者，这些农业公司是否真的能赚到钱，并将一部分利益让渡给流转了土地但还拥有承包权的那些农民？外来人员中，懂农业的人可能很多，愿意投资农业的人可能也不少，但真正爱农村、爱农民的却不一定那么多。加强"三农"工作队伍建设迫在眉睫，完善驻村工作制度也是有必要的，但呼吁市民下乡就有一些令人困惑的地方。市民为什么要下乡？市民下乡就会有利于乡村的振兴吗？呼吁企业下乡也需谨慎。毫无疑问，绝大多数企业没有下乡的必要，也不可能下乡。

（二）能不能融入或怎么融入

当前的民族地区，不仅地方人才在流失，基层群众也在大量流失。乡村振兴战略实施过程中，基层群众的融入、地方人才的融入都要以这种已经存在的流失为前提或背景。流失就意味着"不融入"，也就是说，基层群众的融入、地方人才的融入都要以其他群体的"不融入"为前提或背景。流失的人口，大部分会进城，少部分可能进入乡镇或居住条件更好、交通更便利、人口更密集的村庄社区。不管去向如何，原居住地以及吸纳了别处农民的社区村庄，地方人才被造就的土壤都发生变化。甚至，对那些人口外流严重的村庄而言，已经无法造就地方人才，最多只能从已有的居民中将将就就选出地方人才。从农民本位的视角来看，地方人才的融入可围绕"走""回""进""出"四个字来展开论述。

1. 走

正如上文所言，在未来可预期的时间段里，民族地区乡村人口将继续减少。如果民族地区基层群众能够通过自己的努力在城市就业并融入城市，同时又没有意愿再回到乡村，那么，"逃离"也是种贡献。毕竟，将当前生活在农村的所有基层民众都固定在农村是不可能的。城市对农村人口的吸引力依然巨大。乡村的振兴也将有赖于城镇的进一步繁荣。

对一部分农民来说,"走"将是个漫长的进行时态,可能要通过不止一代人的付出才最终完全脱离农村,融入城市。人口的流失会使得一部分非可持续型村庄自然消亡,会使得一部分非持续型村庄相互整合、并居,从而带来由自然村寨式聚居到农村社区式聚居的转变。

2. 回

"回"当然指的是回到乡村。"回"不是强制的,而是吸引式的。也就是吸引一定量的基层群众回到自己的家乡建功立业。这些人可能或应该包括年轻人、能干事的人、有钱人。[1] 经过规则化培养,他们便成为融入乡村振兴战略并能起到重要作用的地方人才。吸引是相对的也是有针对性的。所谓相对,是指吸引重视的是回乡之人的"质"而非回乡之人的"量"。所谓有针对性,是指乡村振兴战略的实施确实能为这些回乡之人提供成就自己的机会。要引那些契恰度高、回到农村也能钱生钱、力生力的人。党的十九大报告概括了乡村振兴"二十字"的总要求,即产业兴旺、生态宜居、乡风文明、治理有效、生活富裕。对比总要求和民族地区的社会事实,能够发现,起带头作用的有头脑的人非常重要。乡村要振兴,首先要留住一些人才。产业的发展和兴旺离不开懂技术、有资本的经济人才,治理的有效离不开热心公共事业的行政人才。有价值的地方性知识的传承离不开文化人才。要出台优惠政策、发展支柱产业、改善投资环境来吸引部分年轻人、能干事之人、有钱人返回乡村,建设乡村。

3. 进

民族地区乡村的振兴离不开外源力量的扶持。事实上,如果不是国家政策上的引导和资源资金上的倾斜,乡村只可能继续凋敝下去,谈不上振兴。乡村振兴战略的实施,意味着大量资源、项目的输入,意味着城市反哺乡村的力度会加大。这一过程,基层治理人才的选拔变得更为关键。"进"指的是留守的人和引回来的人是否、如何进入治理体系。项目是要去"跑"的,钱来了是要用的,而且是要用对地方的,乡村要振兴,基层治理能力一定要提升。治理能力要提升,势必要重视规则和

---

[1] 邓磊:《西部民族地区乡村振兴的核心是人》,载《华中师范大学学报》(人文社会科学版),2019年第1期。

制度的建构。没有运行良好的规则、制度，没有优秀的地方人才的引领，"有了钱也不知道怎么用"，"钱再多也不一定会用到该用的地方去"。

4. 出

"走"和"回"主要关注的是乡村振兴战略实施中人的参与，"进"和"出"主要关注的则是这些留守的、引回来的人才融入乡村振兴战略的规则性建构问题。"出"指的是脱离治理体系。并不是所有留守的年轻人、能干之人、有钱人都适合融入乡村振兴战略。民族有其"经纪"属性，利益之心人皆有之，若这些被视为地方人才的人破坏规则、借承接资源整合资源使用资源的机会顺手牵羊或中饱私囊的话，哪怕这些人才再有能力，再能伪装，也要请"出"去。

（三）做什么或整合与联动

民族地区的乡村振兴是一项战略，也是一项事业，需要人力的投入。人的参与则要在新的规则下进行。乡村振兴战略实施过程中，乡村将承接大量资源，将整合处在流动中的人力资源，也将接纳新规则和秩序。也就是说，国家不仅提供乡村振兴所要依赖的各种资源，伴随着这些资源的输入，新的适应战略需要的治理规则也将逐步形成。上文将民族地区的村庄进行了大体分类，不同的村庄类型需建立不同的整合机制、联动机制。所谓整合，是要将管理人才、经济人才、文化人才等不同类别的人才以及同一类别人才中的不同个体由分散的原子化的状态转化为整体状态，实现资源的共享和工作时的协同。所谓联动，是要提升管理人才、经济人才、文化人才等不同类别的人才以及同一类别人才中的不同个体之间的工作效率、释放工作潜能，形成人才之间相互影响、相互促进、相互监督的局面，以进一步增强整体的执行能力。整合机制和联动机制的形成，体现的是人和规则的辩证统一，并不存在统一的模式。人才的主动融入也包含了对规则的适应和创新。一般而言，聚集了传统禀赋的V1类村庄，整合程度较高、联动效应较好，但因内部的团结感建立在传统的血缘、拟血缘关系上，这种牢靠是古典式的牢靠，而非现代权利和义务观念堆垒起的牢靠。V3类村庄，村庄可持续但内部团结感低，最需提高人才的整合度，这种整合是自治意义上的整合,较为关注权利和义务关系。至于 V2、V4 类非可持续型村庄,人才的整合、联动将是被动的,所以吸纳年轻人、能干之人、有钱人进入乡村治理体系,更显重要。总体而言,各类村庄整合机制和联动机制的形成,要关注这几个方面:1. 注意转化发展思路,变"引导性"发展模式为协商性发展模式;2. 注意地方人才以及广大基层民众的权利义务观念形塑;3. 注意公共规则的输入,注意公共规则的制度化、常态化建设与运行。地方人才是国家与民族地区乡村沟通的中间人,地方人才的整合和联动理论上能够盘活国家输入地方的各种项目资源,并将外部的帮扶转化为地方发展的内生动力。

(四)受不受约束或监督

因为民族地区村庄、基层群众、地方人才皆处在分化之中,地方人才的沟通作用不再实体化,出现了层面上的差异。民族话语在个别的地区也显露了或多或少"经纪"的属性。因此,乡村振兴战略实施中地方人才的融入机制不仅包含着地方人才的主动性进入还应包含着被动的适应与规则的约束,其中监督机制、预警机制的建立是极有必要的。一旦地方人才在承接资源、使用资源的过程中出现了偏离轨道的倾向,监督和预警机制就应该有所反应,并能迅速作出评判:出现了什么类型的问题?是否严重?程度几何?该怎么处理?监督机制、预警机制的有效运行离不开资源下乡过程中的规则化和透明化施政。地方人才在乡村振兴实施过程中的作用依然是不可替代的,但其代表性却不一定天然地具有合法性。正因此,监督机制、预警机制的建立不是为了限制地方人才代表性的作用发挥,而是为了防止地方人才的代表性丧失合法性。

四、地方人才融入乡村振兴战略的作用与评估

贺雪峰认为,城镇化背景下,越来越多的农村居民脱离土地,进城务工经商。他们的退出使得另外一部分农民增加了留守乡村的可能性。农村有可能形成一个主要收入在村庄、社会关系也在村庄、家庭生活完整、收

入水平不低于外出务工家庭的新生中农群体。[1] 他称这个群体为中坚农民，并认为，中坚农民有不同的主体，最重要的主体是土地流转中的"规模生产者"。在民族地区，留守乡村的年轻人、能干事的人以及本报告着重探讨的地方人才等也可归入贺雪峰所言的中坚农民，但是，靠流转土地进行规模化生产的农民是比较少的，在中坚农民各主体中所占的比例也会相对较小。原因很简单，民族地区的土地资源贫瘠、分散，不适合大面积流转。也就是说，相较而言，民族地区的中坚农民群体规模更小，尤其在那些非可持续型村庄。而这些规模更小的中坚农民可笼而统之归入潜在的地方人才的范畴。这些地方人才在乡村振兴战略实施过程中将扮演重要角色、发挥重要作用。当然，作用有好坏之分。

1. 地方人才是乡村中有一定影响力的人，能动员基层民众

虽然民族地区的村庄已经分化，农民愈发原子化、核心家庭化，但民族依旧是个掺杂了主观与客观因素的共同体，民族地区依然具有丰富的地方性文化资源，地方人才的组织能力或多或少还有留存。留守的地方人才，其利益关切在农村，他们能发挥自己的能力组织农民。比如联合基层群众维持农村的社会秩序，建立经济合作社，参与乡村治理体系的构建，等等。地方人才在经济、政治等领域均可发挥带头作用、引领作用，尤其是基层少数民族党员。地方人才是"输送带"，国家的治理理念、思想通过他们传递到广大的基层民众脑海之中，而基层民众的想法也通过地方人才传递到国家、政府那里。因为历史、地理等诸多因素的相互区隔，少数民族聚居区的生活习俗、信仰、价值观念等很多方面与汉族地区不太一样。民族区域自治制度的确立、实施，某种程度上讲就是对这种区别和特殊性的承认。基层民众在想什么，对国家政策是怎样理解的，怎么看待精准扶贫和乡村振兴战略，这些问题都需要具有代表性的地方人才的收集、整理、上传。地方人才对基层民众的动员不仅体现在组织上面，还体现在发展上面。

2. 国家政策无法直接面对千千万万的基层民众，地方人才是承接国家资源、解释和执行国家政策的主体

国家的治理体系和治理能力正一步步迈向现代化，现代化意味着一整

---

[1] 贺雪峰：《论中坚农民》，载《南京农业大学学报》（社会科学版），2015年第4期。

套的技术和规则，意味着专业化，民族地区政策的落实，只能依赖地方人才。乡村要振兴，资源就要下乡。资源下乡以后，怎么用？用在哪里？地方人才群体势必要回应这些疑难问题。国家的资源配置是否合理？效率怎么评定？项目是否起到了该起的作用？国家资源的供给与基层民众的需要之间是否产生了龃龉？外源力量的激励能否、怎样转化为内源动力？这些问题同样需要地方人才的回应。

3. 地方人才的整合与联动能够为民族地区的发展创造不同的机遇、捕捉稍纵即逝的机会

乡村振兴是国家战略，实施的过程将必然吸引、汇聚不同层面的社会力量和资本。乡村旅游的开发、产业的选择和布局等都需要慧眼和魄力。城乡协调发展的理念之下，各种资本、信息等都处于流动状态，农村农业集聚人口、资本的可能性小，但并不是没有可能。

4. 融入本身可能产生的负面作用

上面三条从纵向和横向两个方面总结了地方人才融入乡村振兴战略的正面作用。正如一枚硬币有正反面一样，融入本身也有可能产生负面作用。就民族地区的乡村而言，资源通常是由上到下或由外而内进入。这种资源流动的方式客观上使得地方人才更容易与广大的基层民众脱节。毕竟，增量逻辑中的抽取或顺手牵羊比存量逻辑中的克扣或中饱私囊风险性要低很多。村庄和农民的各种分化，造成了"国家—地方人才—基层民众"的结构关系的复杂化。地方人才比以往发展利益集团化的空间与可能性变大。民族地区基层政府与乡村之间的自利性双向依赖机制的形成不利于乡村的振兴，悬吊治理的局面最终只可能间离国家与广大的基层民众之间的信任关系。[1] 民族地区乡村振兴战略的实施，如果基层民众普遍持冷淡、观望的态度，外来资源输入得越多，问题可能越严重。从这一点来说，维持基层民众一定的组织性很有必要。

---

[1] 高永久、孔瑞：《复式话语、自利性双向依赖与悬吊治理——基于渝东南民族杂居 M 村庄治理实践的分析》，载《中南民族大学学报》（人文社会科学版），2017 年第 1 期。

五、总结、建议与前瞻

毫无疑问，乡村振兴战略的提出与落实，为中国广大的乡村地区创造了新的发展机遇。当下的民族地区，人与村庄正处于各种分化之中，重提地方人才，正是为了衔接、弥合国家的发展战略与分散的民族个体之间可能存在的沟壑。乡村振兴战略实施过程中，国家要依赖地方人才，但同时也要注意地方人才挟"民族话语"自重的动机与目的，通过体制机制创新来规范地方人才的活动，防止地方人才的利益集团化。民族地区的乡村能否振兴，一个"度"的把握很关键，这个"度"便是基层民众的动员程度。国家无法直接面对分散分化的小农，农民只有适当组织起来，才能作为主体去承接资源，完成重大的战略规划。但是，基层民众的广泛动员，势必带来民族认同情感的高涨，民族认同情感的高涨也就有可能带来民族认同与国家认同之间张力上的浮动。

地方人才的重要性恰在于组织与引领基层民众这一点上。然而，地方人才却并不一定真有意愿组织基层民众。组织起来的基层民众具有反制地方人才的作用，也将不利于地方人才挟"民族话语"以自重。现实情况是复杂的，这一点的落实也存在好坏上的转化。比如，以怎样的方式组织又如何维持这种适度规模的组织性的动态平衡，等等。总之，民族地区乡村振兴战略的实施，需要地方人才的参与，其角色扮演值得注意，其作用也不容忽视。

基于以上的总结，提出几点建议：

1. 加强内培人才队伍建设

继续大力培养有群众基础、受群众信任的基层少数民族干部，将民主选举延伸到村组一级，让基层群众来选择自己所在自然寨子的组长和社长，行使监督权，保证组长、社长代表性和权威性的真实性。继续加强基层党组织建设，壮大党的基层队伍，切实落实党管农村政策。注重基层干部特别是村级干部工作能力的提升。鼓励有经济头脑的基层群众创业，提供资金、项目、咨询、培训等服务。培育有市场眼光的少数民族新型农民。设立传统知识保护与传承专项资金，吸纳知识/技术人才融入乡风文明建设。产业发展、治理效能提升、文化保护与传承等要分类实施、整体推进，勿厚此薄彼，先这后那。不要忽略文化人才、知识/技术人才在润化基层民众心灵方面可能起到的作用。

2. 健全外出人才回流制度

着重吸引能干事的人、年轻人回到自己的家乡建功立业。支持和鼓励在外工作的本乡本土之士退休后返回乡村贡献才智。针对想回乡之人的具体状况设立并发包创业项目，制定相关政策，营造支援家乡建设家乡的良好氛围。从钱、政策、名誉、情感等各个方面，鼓励有志之士回流乡村。

3. 建立外来人才服务制度

细化各类外来人才服务乡村工作条例。在工资福利、社会待遇、职称评定等各个方面向这些来到乡村提供各类支持的人员倾斜。可以灵活运用工资分配方式，诸如年薪制、项目制、绩效制、奖励工资等。创新外来人才服务乡村形式，如可以长期服务、短期服务、项目制服务、全职服务、兼职服务、定点服务、非定点服务等。遴选外来人才服务乡村模范者，树立典型，宣传典型。也要从收入、政策、名誉、成就感等各个方面，鼓励外来人士到乡村成就一番事业。

4. 做好舆论宣传，争取外在人才关注乡村振兴

基层政府宣传部门要报道好当地乡村振兴取得的成绩、告知社会面临的问题，争取让那些没有回到乡村的本地人或外地人关注乡村振兴战略的实施情况。可以定期组织线上讨论会、专家咨询会商讨问题的对策。可以针对具体事项募集乡村振兴发展基金，可以设立诸如政府乡村振兴顾问、智库专家等称号、头衔，吸引外在人员加入其中，贡献智慧。

5. 建立人才管理、使用、流动、激励、监督长效机制

讨论制定不同类型、不同服务期、不同服务方式人才和人才在民族地区乡村振兴推进的不同阶段的管理办法、使用办法、流动办法、激励办法、监督办法。明确细则，落实具体责任，遵章办事，按规则执行。细则和规矩可体现地方特色、阶段诉求、核心任务导向。确保规则的灵活性和高效性兼具，确保人尽其才。

6. 探索人才互嵌工作模式，铸牢中华民族共同体意识

加强内培人才、外来人才、外出回流人才、政府各级工作人员等之间的联系与沟通，注重人才之间工作互嵌、空间互嵌与心理互嵌、精神互嵌的实施与培育。加强基层民族地区铸牢中华民族共同体建设。在民族地区乡村振兴战略实施过程中，在地方人才融入民族地区乡村振兴战略过程中，有效清除国家、地方人才、基层民众各主体之间联系上的各种障碍，确保各类信息顺畅地上传下达，同时铸牢中华民族共同体意识。

民族地区乡村振兴战略的实施任重而道远。中共中央、国务院印发的《乡村振兴战略规划（2018—2022年）》中指出，要梯次推进乡村振兴。东部沿海发达地区、人口净流入城市的郊区、集体经济实力强以及其他具备条件的乡村，到2022年率先基本实现农业农村现代化。中小城市和小城镇周边以及广大平原、丘陵地区的乡村，涵盖我国大部分村庄，到2035年基本实现农业农村现代化。革命老区、民族地区、边疆地区、集中连片特困地区的乡村，到2050年如期实现农业农村现代化。也就是说，离民族地区乡村振兴的最终实现还有不到30年的时间。民族地区的四类村庄中，V1、V3类为可持续型村庄，V2、V4类为非可持续型村庄。课题组对民族地区乡村振兴战略的实施过程做了时间上的前瞻，如下：

	实施期	巩固期	成熟期
V1、V3类村庄	2020—2030年	2030—2035年	2035—2040年
V2、V4类村庄	2020—2040年	3040—2045年	2045—2050年

乡村振兴战略实施的不同阶段，各类村庄可能会在群众诉求、主要任务、核心矛盾、人才融入与作用发挥等方面呈现不同的图景。在群众诉求方面，民族地区所有村庄的群众都希望在乡村振兴战略的实施期能够落实国家乡村振兴战略，基本达到乡村振兴的总要求，在巩固和成熟期，能够彻底实现乡村的全面振兴。

在主要任务方面，V1、V3类村庄在实施期都需要追加可持续性，即本地化的产业能解决更多的劳动力，能吸引固定规模的青壮年劳力回乡就业。在巩固和成熟期，则要使这种追加的可持续性能够常态化。在核心矛

盾方面，V1类村庄在实施期可能存在村庄集体意志与政府或外来企业针对如何追加可持续性上的博弈，在巩固和成熟期，这种博弈能达到良性状态。V3类村庄在实施期可能存在少部分以个人或家庭为单位对政策实践的不理解和抵触，在巩固和成熟期，这种现象基本消失。在人才融入与作用发挥方面，V1、V3类村庄在实施期都要鼓励各类人才加入，主要以具体的实惠和利益作为激励，使融入进来的人才能发挥"造血"的作用，在巩固和成熟期，V1、V3类村庄主要依靠内培或落户人才，主要以名誉、成就感等来作为激励，使融入进来的人进一步发挥"造血"的作用。

在主要任务方面，V2、V4类村庄在实施期需要将非可持续型转化为可持续型，或者进行社区化集聚和整合，在巩固和成熟期，巩固转化来的可持续性，或使社区化集聚和整合充满有机性。在核心矛盾方面，无论是要将非可持续型转化为可持续型抑或进行社区化整合，V2类村庄在实施期都可能存在集体意志与政府或企业针对转化或整合路径的博弈，而在巩固和成熟区，这种博弈达到良性状态。V4类村庄在实施期可能存在少部分以个人或家庭为单位对村庄转化或整合实践的不理解和抵触，在巩固和成熟期，这种现象基本消失。在人才融入与作用发挥方面，V2、V4类村庄在实施期都要鼓励各类人才尤其是外出和外来人才的加入，主要以具体的可观的利益作为激励，使融入进来的人才能发挥"供血"的作用，在巩固和成熟期，V2、V4类村庄主要依靠内培人才和愿意长久留下来的外来人才、外出回流人才，主要以"名誉+利益"的方式来作为激励，使融入进来的人才发挥"造血"的作用。

参考文献

论著

[1][法]爱弥尔·涂尔干，渠东、汲喆译：《宗教生活的基本形式》，上海：上海人民出版社，1999年。

[2]柏果成、史继忠、石海波：《贵州瑶族》，贵阳：贵州民族出版社，1990年。

[3][美]丹尼斯·朗：《权力论》，陆震纶、郑明哲译，北京：中国社会科学出版社，2001年版。

[4][英]戴维·米勒、邓正来主编：《布莱克维尔政治思想百科全书》，北京：中国政法大学出版社，2011年。

[5][德]迪特·森格哈斯：《文明内部的冲突与世界秩序》，张文武等译，北京：新华出版社，2004年。

[6][美]杜赞奇：《文化、权力与国家：1900—1942年的华北农村》，王福明译，南京：江苏人民出版社，2010年。

[7]费孝通：《乡土中国》，上海：上海人民出版社，2007年。

[8][美]爱德华·弗里曼、保罗·毕克伟、马克·赛尔登：《中国乡村，社会主义国家》，陶鹤山译，北京：社会科学文献出版社，2002年。

[9]高宣扬：《布迪厄的社会理论》，上海：同济大学出版社，2004年。

[10][美]欧文·戈夫曼：《污名——受损身份管理札记》，朱立宏

译,北京:商务印书馆,2009年版。

[11] 贵州省荔波县地方志编纂委员会:《荔波县志》,北京:方志出版社,1997年。

[12] 广西瑶学会编:《瑶学研究》第1辑,南宁:广西民族出版社,1993年。

[13] [美]哈罗德·伊罗生:《群氓之族——群体认同与政治变迁》,邓伯宸译,南宁:广西师范大学出版社,2008年。

[14] 黄淑娉、龚佩华:《文化人类学理论方法研究》,广州:广东高等教育出版社,2004年。

[15] 黄宗智:《华北的小农经济与社会变迁》,北京:中华书局,2000年。

[16] 黄宗智:《长江三角洲小农家庭与乡村发展》,北京:中华书局,2000年。

[17] [美]J·科尔曼:《社会理论的基础》,邓方译,北京:社会科学文献出版社,1999年。

[18] 金泽:《中国民间信仰》,杭州:浙江出版社,1990年。

[19] 赖永海:《宗教学概论》,南京:南京大学出版社,2004年。

[20] 梁漱溟:《梁漱溟全集》(第三卷),济南:山东人民出版社,2006年。

[21] 林耀华:《民族学通论》,北京:中央民族大学出版社,1997年。

[22] [德]马克思、恩格斯:《马克思恩格斯选集》,中央编译局译,北京:人民出版社,1972年。

[23] [德]马克斯·韦伯:《经济与社会》(第一卷),阎克文译,上海:上海人民出版社,2010年。

[24] 潘朝霖、韦宗林:《中国水族文化研究》,贵阳:贵州人民出版社,2004年。

[25] 彭占魁:《东方醒狮:献给为新中国的崛起而奋力开拓的创业者》(上册),石家庄:河北少年儿童出版社,1999年。

［26］彭兆荣、牟小磊、刘朝晖：《文化特例——黔南瑶麓社区的人类学研究》，贵阳：贵州人民出版社，1997年。

［27］彭兆荣：《人类学仪式的理论与实践》，北京：民族出版社，2007年。

［28］钱穆：《晚学盲言》，桂林：广西师范大学出版社，2004年。

［29］《黔南水族简介》编写组：《黔南水族简介》，贵阳：贵州民族出版社，1983年。

［30］[美] 塞缪尔·亨廷顿：《文明的冲突与世界秩序的重建》，周琪等译，北京：新华出版社，1998年。

［31］[英] 史蒂文·卢克斯：《权力：一种激进的观点》，彭斌译，南京：江苏人民出版社，2012年版。

［32］《松桃苗族自治县概况》编写组：《松桃苗族自治县概况》，北京：民族出版社，2007年。

［33］孙立平：《失衡——断裂社会的运作逻辑》，北京：社会科学文献出版社，2004年。

［34］谭同学：《桥村有道——转型乡村的道德、权力与社会结构》，北京：生活·读书·新知三联书店，2010年。

［35］佟新：《人口社会学》，北京：北京大学出版社，2000年。

［36］王铭铭：《村落视野中的文化与权力——闽台三村五论》，北京：生活·读书·新知三联书店，1997年。

［37］吴毅：《小镇喧嚣：一个乡镇政治运作的演绎与阐释》，北京：生活·读书·新知三联书店，2007年。

［38］杨建新：《中国少数民族通论》，北京：民族出版社，2005年。

［39］翟学伟：《人情、面子与权力的再生产》，北京：北京大学出版社，2005年。

［40］张静：《基层政权——乡村制度诸问题》，杭州：浙江人民出版社，2000年。

［41］张静：《现代公共规则与乡村社会》，上海：上海书店出版社，2006年。

期刊论文

[1] 包玉山:《中国少数民族经济:核心概念、概念体系及理论意义》,载《民族研究》,2010年第5期。

[2] 曹爱军、杨鹍飞:《论中国民族事务治理现代化:阻滞因素与破解思路》,载《云南社会科学》,2016年第2期。

[3] 曹锦清:《历史视角下的新农村建设——重温宋以来的乡村组织重建》,载《探索与争鸣》,2006年第10期。

[4] 陈柏峰:《农民价值观念的变迁对家庭关系的影响——皖北李圩村调查》,载《中国农业大学学报》(社会科学版),2007年第1期。

[5] 陈纪:《"民族社会问题"涵义探讨》,载《广西民族研究》,2010年第2期。

[6] 陈建樾:《多民族国家和谐社会的构建与民族问题的解决:评民族问题的"去政治化"与"文化化"》,载《世界民族》,2005年第5期。

[7] 陈茂荣:《"民族国家"与"国家民族"——"民族认同"与"国家认同"的紧张关系何以消解》,载《青海民族研究》,2011年第4期。

[8] 邓磊:《西部民族地区乡村变迁与乡村振兴》,载《华中师范大学学报》(人文社会科学版),2018年第6期。

[9] 邓磊:《西部民族地区乡村振兴的核心是人》,载《华中师范大学学报》(人文社会科学版),2019年第1期。

[10] 狄金华、钟涨宝:《从主体到规则的转向——中国传统农村的基层治理研究》,载《社会学研究》,2014年第5期。

[11] 董磊明:《变与不变:中华三千年社会结构的政治社会学解读》,载《江苏行政学院学报》,2007年第3期。

[12] 董磊明、陈柏峰、聂良波:《结构混乱与迎法下乡——河南宋村法律实践的解读》,载《中国社会科学》,2008年第5期。

[13] 冯仕政:《沉默的大多数:差序格局与环境抗争》,载《中国人

民大学学报》，2007年第1期。

［14］高帆：《中国乡村振兴战略视域下的农民分化及其引申含义》，载《复旦学报》（社会科学版），2018年第5期。

［15］高永久、朱军：《论多民族国家中的民族认同与国家认同》，载《民族研究》，2010年第2期。

［16］高永久、孔瑞：《复式话语、自利性双向依赖与悬吊治理——基于渝东南民族杂居M村庄治理实践的分析》，载《中南民族大学学报》（人文社会科学版），2017年第1期。

［17］耿羽：《灰黑势力与乡村治理内卷化》，载《中国农业大学学报》（社会科学版），2011年第2期。

［18］郭正林：《卷入民主化的农村精英：案例研究》，载《中国农村观察》，2003年第1期。

［19］何星亮：《中国少数民族传统文化与生态保护》，载《云南民族大学学报》（哲学社会科学版），2004年第1期。

［20］贺雪峰、仝志辉：《论村庄社会关联——兼论村庄秩序的社会基础》，载《中国社会科学》，2002年第3期。

［21］贺雪峰：《公私观念与中国农民的双层认同——试论中国传统社会农民的行动逻辑》，载《天津社会科学》，2006年第1期。

［22］贺雪峰：《公私观念与农民行动的逻辑》，载《广州社会科学》，2006年第1期。

［23］贺雪峰：《中国农民价值观的变迁及对乡村治理的影响》，载《学习与探索》，2007年第5期。

［24］贺雪峰：《论中坚农民》，载《南京农业大学学报》（社会科学版），2015年第4期。

［25］贺雪峰：《关于实施乡村振兴战略的几个问题》，载《南京农业大学学报》（社会科学版），2018年第3期。

［26］贺雪峰：《农村社会结构变迁四十年：1978—2018》，载《学习与探索》，2018年第11期。

［27］黄兴涛：《"话语"分析与中国近代思想文化史研究》，载《历

史研究》，2007年第2期。

［28］吉文桥：《关于"节庆经济"的思考——以盱眙中国龙虾节个案为例》，载《学海》，2003年第2期。

［29］李海鹏、梅傲寒：《民族地区贫困问题的特殊性与特殊类型贫困研究》，载《中南民族大学学报》（人文社会科学版），2016年第3期。

［30］李莉、卢福营：《当代中国的乡村治理变迁》，载《人民论坛》，2010年第6期。

［31］李里峰：《乡村精英的百年嬗蜕》，载《武汉大学学报》（人文科学版），2017年第1期。

［32］李景鹏：《关于推进国家治理体系和治理能力现代化——"四个现代化"后的第五个"现代化"》，载《天津社会科学》，2014年第2期。

［33］李周：《乡村振兴战略的主要含义、实施策略和预期变化》，载《求索》，2018年第2期。

［34］李祖佩：《混混、乡村组织与基层治理内卷化——乡村混混的力量表达及后果》，载《青年研究》，2011年第3期。

［35］李祖佩：《论农村项目化公共品供给的组织困境及其逻辑——基于某新农村建设示范村经验的实证分析》，载《南京农业大学学报》（社会科学版），2012年第3期。

［36］梁芷铭、徐福林、许珍：《国家治理体系现代化：理论源流、衡量标准及基本内容》，载《理论导刊》，2014年第12期。

［37］刘勇：《社会转型时期农民非制度化政治参与和乡村治理困境》，载《福建论坛》，2010年第5期。

［38］龙大轩：《和合：传统文化中的国家法与民间法》，载《西南民族大学学报》（人文社会科学版），2007年第6期。

［39］娄世桥：《慎防村庄原子化阻滞中国现代化》，载《中国乡村发现》，2007年第6期。

［40］卢成仁：《从社会到群体：1949年以前西南中国人类学研究概念与视角的学术史梳理》，载《云南社会科学》，2015年第1期。

［41］马宝成：《取消农业税后乡村治理的路径选择》，载《长白学

刊》，2007 年第 6 期。

[42] 马戎：《理解民族关系的新思路——少数族群问题的"去政治化"》，载《北京大学学报》，2004 年第 6 期。

[43] 马戎：《民国时期的少数民族精英：理解中国从"天下帝国"到"民族国家"进程的钥匙》，载《社会科学战线》，2010 年第 8 期。

[44] 马戎：《中国民族区域自治制度的历史演变轨迹》，载《中央社会主义学院学报》，2019 年第 3 期。

[45] 马晓河：《推进农村一二三产业深度融合发展》，载《中国合作经济》，2015 年第 2 期。

[46] 穆赤·云登嘉措：《建立健全应对民族、宗教问题引起的群体性事件预警预案问题研究》，载《青藏高原论坛》，2013 年第 1 期。

[47] 彭兆荣：《民族志视野中"真实性"的多种形态》，载《中国社会科学》，2006 年第 2 期。

[48] 秦中春：《乡村振兴背景下乡村治理的目标与实现途径》，载《管理世界》，2020 年第 2 期。

[49] 任敏：《流出精英与农村发展》，载《青年研究》，2003 年第 4 期。

[50] 宋才发：《民族地区精准扶贫基本方略的实施及法治保障探讨》，载《中央民族大学学报》（哲学社会科学版），2017 年第 1 期。

[51] 粟撒：《本土资源局限性与当代中国的法律移植》，载《人民论坛》，2012 年第 35 期。

[52] 孙九霞：《从缺失到凸显：社区参与旅游发展研究脉络》，载《旅游学刊》，2006 年第 7 期。

[53] 孙九霞：《社区参与旅游与族群文化保护：类型与逻辑关联》，载《思想战线》，2013 年第 3 期。

[54] 孙九霞、黄秀波：《民族旅游地社区参与中的空间协商与利益博弈——以丽江白沙村为例》，载《广西民族大学学报（哲学社会科学版）》，2017 年第 2 期。

[55] 孙秋云：《村民自治制度下少数民族乡村精英的心态与行为分

析——以湖北西部土家族地区农村为例》，载《中南民族大学学报》（人文社会科学版），2004年第3期。

［56］谭同学：《粤北杉村排瑶社会治理转型研究》，载《民族研究》，2013年第4期。

［57］谭同学：《乡村振兴中的主体、可视化政绩与群众工作——基于林镇的人类学调查与反思》，载《西北民族研究》，2020年第1期。

［58］仝志辉：《农民选举参与中的精英动员》，载《社会学研究》，2002年第1期。

［59］仝志辉、贺雪峰：《村庄权力结构的三层分析——兼论选举后村级权力的合法性》，载《中国社会科学》，2002年第1期。

［60］汪国华：《大共同体与差序格局互构：我国农村点源污染治理困境研究》，载《中国农业大学学报》（社会科学版），2012年第1期。

［61］王海娟、贺雪峰：《资源下乡与分利秩序的形成》，载《学习与探索》，2015年第2期。

［62］汪锦军：《农村公共事务治理：寻求政府主导与农民主体的平衡》，载《行政论坛》，2009年第1期。

［63］王佳星、龙文军：《文化治理视角下的乡风文明建设》，载《江南大学学报》（人文社会科学版），2019年第6期。

［64］王建新：《格尔兹"近距离经验"概念辨析》，载《青海民族研究》，2013年第4期。

［65］王施力：《瑶族习惯法及其文化价值初探》，载《民族论坛》，2005年第4期。

［66］王先明、常书红：《晚清保甲制的历史演变与乡村权力结构——国家与社会在乡村社会控制中的关系变化》，载《史学月刊》，2000年第5期。

［67］王晓莉：《农村公共事务治理的现状与推进——"村民小组建党支部+村民理事会"的"分宜模式"》，载《中共中央党校学报》，2016年第2期。

［68］王亚华、高瑞、孟庆国：《中国农村公共事务治理的危机与响

应》，载《清华大学学报》（哲学社会科学版），2016年第2期。

[69] 王妍蕾：《村庄权威与秩序——多元权威的乡村治理》，载《山东社会科学》，2013年第11期。

[70] 王勇：《农村治理中的农民与国家》，载《读书》，2017年第12期。

[71] 翁时秀、彭华：《权力关系对社区参与旅游的影响》，载《旅游学刊》，2010年第9期。

[72] 吴毅：《村治中的政治人——一个村庄村民公共参与和公共意识的分析》，载《战略与管理》，1998年第1期。

[73] 吴毅：《"双重角色""经纪模式"与"守夜人"和"撞钟者"——来自田野的学术札记》，《开放时代》，2001年第12期。

[74] 吴毅：《双重边缘化：村干部角色与行为的类型学分析》，载《管理世界》，2002年第11期。

[75] 吴毅：《何以个案 为何叙述——对经典农村研究方法质疑的反思》，载《探索与争鸣》，2007年第4期。

[76] 吴毅：《"权力—利益的结构之网"与农民群体性利益的表达困境——对一起石场纠纷案例的分析》，载《社会学研究》，2007年第5期。

[77] 席克定：《荔波县瑶麓瑶族的岩洞葬》，载《贵州民族研究》，1982年第1期。

[78] 辛向阳：《推进国家治理体系和治理能力现代化的三大路径》，载《江西社会科学》，2014年第2期。

[79] 徐晓军：《内核—外围：传统乡土社会关系结构的变动——以鄂东乡村艾滋病人社会关系重构为例》，载《社会学研究》，2009年第1期。

[80] 杨昌儒：《民族问题内涵试论》，载《西南民族大学学报》（人文社会科学版），2007年第4期。

[81] 杨昌儒：《试论民族问题治理体系和治理能力现代化》，载《贵州社会科学》，2014年第8期。

[82] 杨东升：《论黔东南苗族古村落结构特征及其形成的文化地理背景》，载《西南民族大学学报》（人文社会科学版），2011年第4期。

[83] 杨华、王会:《重塑农村基层组织的治理责任——理解税费改革后乡村治理困境的一个框架》,载《南京农业大学学报》(社会科学版),2011 年第 2 期。

[84] 杨鹍飞:《民族互嵌型社区:涵义、分类与研究展望》,载《广西民族研究》,2014 年第 5 期。

[85] 杨圣敏:《民族和宗教差异并非冲突的根本原因》,载《青海民族大学学报(社会科学版)》,2018 年第 3 期。

[86] 伊利贵:《民国时期西南少数民族民族精英的身份叙事与主体塑造——基于话语权力视角的分析》,载《中央民族大学学报》(哲学社会科学版),2016 年第 2 期。

[87] 俞可平:《经济全球化与治理的变迁》,载《哲学研究》2000 年第 10 期。

[88] 俞可平:《推进国家治理体系和治理能力现代化》,载《前沿》,2014 年第 1 期。

[89] 章也微:《从农村垃圾问题谈政府在农村基本公共事务中的职责》,载《农村经济》,2004 年第 3 期。

[90] 张祝平:《中国民间信仰的当代变迁与社会适应研究》,载《福建论坛》(人文社会科学版),2014 年第 2 期。

[91] 赵旭东、辛允星:《权力离散与权威虚拟:中国乡村"整合政治"的困境》,载《社会科学》,2010 年第 6 期。

[92] 周飞舟:《从汲取型政权到"悬浮型"政权——税费改革对国家与农民关系之影响》,载《社会学研究》,2006 年第 3 期。

[93] 周平:《中国民族政策价值取向分析》,载《当代世界与社会主义》,2010 年第 2 期。

[94] 周宗贤:《瑶族的石牌制度浅释》,载《民族学研究第二辑》,1981 年。

[95] 朱军:《中国经济社会转型中的民族问题与民族事务治理——以国家治理能力为分析视角》,载《民族研究》,2015 年第 1 期。

学位论文：

［1］孔瑞：《权力变迁中的"苗"——渝东南一个民族杂居村落的田野调查》，兰州大学，2017年。

［2］宋丽娜：《底线村治——以荆门S村为例》，华中科技大学，2007年。

［3］汪杰贵：《乡村社会资本视阈下的农村公共服务农民自主供给制度研究》，浙江大学，2012年。

［4］吴毅：《村治变迁中的权威与秩序——20世纪川东双村的表达》，华中师范大学，2002年。

报纸：

［1］高其才：《论中国少数民族习惯法文化》，载《中国法学》1996年第1期。

［2］陶希东：《国家治理体系应包括五大基本内容》，载《学习时报》，2013-12-31。

英文文献

［1］Aniruddha Dasgupta, Vivtoria A. Beard. *Community Driven Development, Collective Action and Elite Capture in Indonesia*. Development and Changet, 2007, 38 (2), 229-249.

［2］D. Lewis, A. Hossain. A Tale of Three Villages: *Power, Difference and locality in Rural Bangladesh*. Journal of South Asian Development, 2008, 3 (1). 33-51.

［3］Jean-Philippe Platteau, Vincent Somville, and Zaki Wahhaj. Elite Capture Through information Distortion: *A Theoretical Essay*. Journal of Development Economics, 2014, 106 (1): 250-263.